5つのレベルUPでキラキラガールに!

ミリョク的な女の子になるためには、この5つをみがくことが大切だよ。この本では、みんながキラキラガールにレベルUPするための情報を、た〜っぷり紹介しているんだ♪

PART 1
スタイルUPであこがれのモデル体型に!

モデルさんみたいなキラキラの美スタイルをGETするためのテクを紹介! 食事と運動に気をつかって、健康的にシェイプUPしよう★

PART 2
センスUPでおしゃれをリードしよう♪

女の子は、みーんなおしゃれが大好き♥ ファッションセンスをみがけば、持っているお洋服が少なくたって、おしゃれさんになれるんだよ!

PART 3
ビューティUPで美人になれちゃう!?

きちんとケアすれば、肌も髪もピカピカに! ナチュラル美人になれるテクを大紹介するよ。あこがれのネイルやメイクもこっそり教えちゃう♥

PART 4
女子力UPで内面から美しく

外見だけみがいたってダーメダメ! まわりの人に、「あの子ステキだな」って思ってもらえるような、ふるまいやマナーを身につけよう!

PART 5
ハッピー度UPで運も味方に…!?

運も実力のうち、なんて言葉があるように、キラキラしている子はハッピーオーラをもっているもの。ハッピー度UPのヒケツを紹介するよ♪

もくじ

PART1 スタイルUP♪レッスン

- 012 スタイルUPってどうすれば叶うの？
- 016 合言葉1 姿勢がよくなるとスタイルは3倍よく見える！
- 020 合言葉2 体力をつけて集中力を高めよう！
- 024 合言葉3 適度な運動でメリハリボディに！

- 032 ① おなかをぺたんこにA
- 033 ② おなかをぺたんこにB
- 034 ③ キュッとしたくびれにA
- 035 ④ キュッとしたくびれにB
- 036 ⑤ 腰をキュッと引きしめる
- 037 ⑥ わきのぷよぷよを解消！
- 038 ⑦ 足全体をスラリと細く
- 039 ⑧ 足のつけ根をほっそりさせる
- 040 ⑨ 足首をキュッと引きしめる
- 041 ⑩ ふくらはぎと足首にメリハリ
- 042 ⑪ 太ももの外側を引きしめる
- 043 ⑫ 太ももの内側を引きしめる
- 044 ⑬ 太もも＆お尻をシェイプUP
- 045 ⑭ お尻全体を引きしめる
- 046 ⑮ 背中〜お尻をシャキッと
- 047 ⑯ ヒップアップで足長見せ
- 048 ⑰ 上半身をスラリとさせる
- 049 ⑱ 二の腕をほっそりさせる
- 050 ⑲ フェイスラインをシャープに
- 051 ⑳ 目のまわりをすっきりさせる

- 052 ダンスで楽しくシェイプUP！
- 056 合言葉4 バランスのいい食事メニューに！
- 062 合言葉5 やせ習慣でシェイプUP！
- 066 お悩み解決レスキュー！＜体のこと＞

PART 2 センスUP♪レッスン

074 合言葉1 自分に似合うテイストを知ろう
- 076 ガーリーテイスト
- 077 フェミニンテイスト
- 078 カジュアルテイスト
- 079 プレッピーテイスト
- 080 ポップテイスト
- 081 ボーイズライクテイスト
- 082 スポーティーテイスト
- 083 マリンテイスト
- 084 クールテイスト

086 合言葉2 じょうずにコーディネートしよう

092 合言葉3 季節に合った着こなしを楽しもう

100 合言葉4 体型の悩みをコーデでカバーしよう

106 合言葉5 ヘアアレンジでもっとかわいく！

116 センスUP Q&A

PART 3 ビューティUP♪レッスン

120 合言葉1 スキンケアでうるつや肌をゲット！

126 お悩み解決レスキュー！ ＜肌トラブル＞

130 合言葉2 ヘアケアで髪をサラつやに！

136 合言葉3 ボディケアで全身をつるピカに！

140 合言葉4 ネイルケア＆アートで指先までキレイに！

150 合言葉5 特別な日はプチメイクでキュートに♥

PART 4 女子力UP♪レッスン

- **165** 人気者まちがいなしっ！ 愛されガール×7
- **178** ステキだな、と思われるマナーを身につけよう
- **188** キレイ＆かわいい文字の書き方をマスター！
- **194** おりレターで手紙をもっとかわいく！

PART 5 ハッピー度UP♪レッスン

- **202** おまじないで幸運パワーをゲット！
- **208** 風水パワーを盛りこんだかわいい部屋づくり

特別ふろく シェイプUPノート

登場人物紹介

ヒナノ
ティーン向け雑誌の専属モデルをしていて、JSのあこがれのマト♥ 妹のコトネに、もっと自信をもってもらいたい……！

コトネ
ぽっちゃりしているのがコンプレックスの女の子。本当は、姉のヒナノみたいなキラキラガールになりたいと思っている。

リリ
コトネの心友。ヒナノにあこがれていて、キレイになるためのコツを聞いている。いつかはモデルになりたい、という夢をもっている。

PART①

めざせ！ キラキラボディ

スタイルUP↑↑ レッスン ♥

美スタイルになって、もっともっとキレイになりたい！　そんな女の子の願いを叶えるべく、"健康的に"、"美しく"シェイプUPするためのテクニックをまるっと紹介★

はじめる前のお願い

この本で紹介するエクササイズに挑戦するときは、ケガなどをしないよう、安全に十分気をつけながら行ってください。自分の今の体力に合わせて、挑戦するエクササイズを選びましょう！　体に痛みや違和感が出たら、エクササイズを中止してくださいね。

保護者の方へ

本書は、小学生のダイエットを推奨するものではありません。バランスのよい食事と運動で、健康的な体をつくるための情報を紹介しています。お子さまがエクササイズに挑戦される際は、ケガなどがないように、安全面にご配慮いただけますようお願いいたします。

きほん スタイルUPってどうすれば叶うの?

毎日を楽しくすごせるよう「健康的」にスタイルUP!

スタイル美人になるには、ただ体重だけを落とすのではなく、しなやかな筋肉をつけ、メリハリのあるボディをつくることが大切だよ。そのためには、栄養バランスのよい食事と適度な運動で、健康的にシェイプUPをする必要があるの。そうすることで、心と体が元気になり、勉強、スポーツ、遊びなど、日常生活をエンジョイできるよ!

> **つまり…**
> 運動+食事で
> 健康的にやせることが大切!

健康、かぁ。でも、食事を抜いたほうが、手っとり早くやせられそうだけどな……。

右のページを見て。これは、健康的にやせた子と、ガリガリにやせた子をくらべたものなの。……ね? ガリガリやせは、本当に危ないんだよ。

くらべてみよう！

健康やせA子

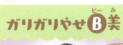

「いただきます！」
バランスのよい食事メニュー

しっかり運動！

健康的にやせた

- メリハリがあって健康的な体型に！
- 筋肉がついているからグッと細見え！
- 心身のバランスがとれ明るく、元気になる
- 体力があるから日常生活も楽しめる
- 代謝がUPして太りづらい体になる
- 肌がつやつや＆髪もサラサラに！

ガリガリやせB美

「食べる量をへらさないと！」
サラダだけ

「食べてないから力が出ない…」

できるだけ動かない！

ガリガリにやせた

- ガリガリで不健康に見えちゃう…
- 肌や髪の毛がパサパサ＆ボロボロ
- 体力や集中力が低下し、日常生活が辛くなる
- 筋肉が落ちるからやせてもリバウンドしやすい
- 骨がもろくなり、身長が伸びなくなる!?
- 大人になったときの健康にも悪影響！

PART 1 スタイルUP

シェイプUPの基本

「シェイプUP」って、どうなれば成功なの？ 体重って、どんな風に落ちていくの？ そんな、シェイプUPの基本の"き"を学ぼう！

体重よりも、ボディサイズを意識したシェイプUPを！

シェイプUPというと、つい「体重を落とす」ことに意識がいきがち。でも、標準体重（24ページ）以下の子なら、体重は気にせず、ボディを引きしめればＯＫ。週に１回、メジャーでボディサイズを測るだけで十分だよ。標準体重を超えている子は、毎朝体重も測るようにしてね！

ボディサイズと体重をWチェック

測り方は29ページで紹介！

体重は一気に落ちない！

スタート！
1週間くらいはそのまま
7～10日目に少しずつ落ちるよ！

停滞期
しばらくすると体重が落ちなくなる…

ここであきらめちゃダメ！

体重は、右肩下がりに毎日落ちるわけではないよ。図のように、減ったり止まったりをくり返しながら、少しずつ落ちるんだ。

ゴール♪
努力を続ければまた落ちはじめて

目標達成！

停滞しているとき、どれだけがんばれるかが運命の分かれ道なんだって！

14

スタイルUP(アップ)の5つの合言葉(あいことば)

この5つを意識すれば、あこがれの美スタイルをGETできるんだって！

合言葉1
姿勢がよくなると
スタイルは3倍よく見える！
→ **16ページ**

PART 1 スタイルUP

合言葉2
体力をつけて
集中力を高めよう！
→ **20ページ**

運動のページでは、体を引きしめるさまざまなエクササイズを紹介するよ！

合言葉3
適度な運動で
メリハリボディに！
→ **24ページ**

合言葉4
バランスのいい
食事メニューに！
→ **56ページ**

合言葉5
やせ習慣で
シェイプUP！
→ **62ページ**

"バランスがいい"って、つまりどういうことなんだろう？

合言葉 1
姿勢がよくなると スタイルは3倍よく見える！

体のゆがみを正すだけで美スタイルになれちゃう!?

特別な運動をしなくても、普段の姿勢に気を配るだけで、スタイルはグッとよく見えるもの！　背中が丸まってしまう「ねこ背」や、体の軸が傾いてしまう「片足重心（体の重心が片足にのっている）」がクセになっていない？
これらの姿勢は、体がゆがむ原因になるよ。右ページを見ながら、正しい姿勢を確認してみよう。

こんな姿勢はNG！

ねこ背　　片足重心

体をゆがめる習慣に注意！

下で紹介する習慣は、どれも体をゆがめるものばかり。あてはまるものが多い子は注意しよう！

- バッグを持つ手がいつも同じになっちゃう
- どちらか片方の足に重心をかけて立っていることが多い
- どちらか片方の手足ばかり使う
- 座るとき、足を組むことがある
- 長時間、下を向いてスマホやゲームに夢中になっている
- ヒールが高いくつをはくことが多い

✓チェック！ 正しい姿勢を確認しよう

正しい姿勢はこう！
つねに意識しながら
すごしてみてね♪

立つとき

あごはつき出さずに軽く引いて、目線は真っすぐに。

肩はすくめず、リラックス。胸を張ると、ピンとした背すじに！

おなかがぽこっと出ないように、下腹に軽く力を入れて立とう！

親指のつけ根、小指のつけ根、かかとの3点に均等に体重をのせよう。

歩くとき

視線は前方に向けよう。足もとを見てしまう子が多いから、注意！

背すじをピンと伸ばして美姿勢に。お尻はキュッと引きしめてね！

ひざは曲げすぎちゃダメ。両ひざを軽くすり合わせるようにして歩こう。

歩くときも、下腹とお尻を意識！キュッと引きしめながら歩いて。

体重をかかとから足先へ移して歩くよ。直線上を歩くイメージで。

PART 1 スタイルUP

正しい姿勢で立つと、なんだかいろいろなところが引きしまっている気がする……！

17

チャレンジ 姿勢がよくなるエクササイズ

1 足を腰幅に開き、真っすぐ立とう

足を腰幅くらいに開いて立つよ。親指のつけ根、小指のつけ根、かかとの3点に、均等に体重をのせ、重心は体の真ん中をキープして。

2 背骨を首から曲げていこう

背骨を曲げていくよ。上半身の力を抜き、まずは首から肩の後ろにかけて、ゆっくりと前に曲げよう。ひざの力も自然にゆるめてね。

3 みぞおちの後ろを曲げるよ

上のほうから順に、みぞおちの後ろくらいまで背骨を曲げていくよ。曲げたら姿勢をキープし、深呼吸をくり返しリラックスして。

18

姿勢を正すには、「背骨」を意識して立つことが大切だよ。このエクササイズは、全身の筋肉を使って背骨を支える練習ができるの！

4 背骨をゆっくり伸ばしていこう

重心がどっしりと落ちついたら、今度は下から背骨を伸ばしていくよ。ひとつずつ、背骨を積み上げていくイメージをもつと◎。

5 胸をめいっぱい広げよう！

背骨を伸ばしきったら、大きく息を吸って、胸をはるよ。胸が空に向かって引っぱられるようなイメージで、気持ちよく広げてね。

6 首を戻して姿勢を確認

息をはきながら、胸を真っすぐ前に向けるよ。首は最後に戻してね。1～6を何回かくり返して、背骨の伸びを感じてみよう。

PART 1 スタイルUP

合言葉2
体力をつけて集中力を高めよう！

シェイプUPには、「体力&集中力」が必要だよ！

健康的にシェイプUPするには、運動と食事管理が不可欠。でも、いきなりがっつり運動をしようとしても、なかなかうまくいかないもの。シェイプUP成功のためには、まずは「体力」をつける必要があるよ。ちなみに、体力は「集中力」にも影響するの！体力がないと、作業や気持ちが持続せず、すぐに休みたくなってしまうんだ。シェイプUPにしっかり向き合うためにも、体力をUPして集中力を高めよう♪

体力を高めるには？

体力をつけるには、3つのS（スリーS）をきたえる必要があるよ！

ストレングス
<筋力>体を動かす力

ストレッチ
<柔軟性>体のやわらかさ

スタミナ
<持久力>運動を続ける力

チェック！ スリーSを高めるとどうなる？

なるほど～。スリーSを高めるのが、シェイプUPの第一歩なんだねっ！

ストレングス＜筋力＞

シェイプUP
エクササイズで筋力UP

「瞬間的に筋肉を収縮させて体を動かす力」のことで、日常生活のすべての動きに必要なパワーだよ。とくに、ダッシュしたり、ジャンプしたり、重いものを持つときに必要。シェイプUPエクササイズ（28ページ）でしなやかな筋肉をつけ、筋力をUPしよう。そうすることで、メリハリのあるスラリとした美ボディになるんだよ。

ストレッチ＜柔軟性＞

関節をやわらかくすると
動作も美しくなる！

「全身の筋肉や関節のやわらかさ」のことだよ。柔軟性があると、動作がしなやかに、美しくなるんだ。また、全身がしっかり動くから、スポーツがじょうずになるし、ケガもしにくくなるんだよ。柔軟性が十分でないと、姿勢や歩き方にも影響が出てくるから、ストレッチ運動で柔軟性を高めよう！

スタミナ＜持久力＞

持久力を高めると、
肌がツヤツヤでキレイに！

「長時間運動を続けられる力」のこと。持久力がUPすると、心臓や肺の機能が活発になり、全身の血のめぐりがよくなるんだ。すると、体中に酸素や栄養がきちんと運ばれたり、体内の老廃物（体にとって不要なもの）が回収されたりして、肌がツヤツヤに。有酸素運動（27ページ）で、持久力を高めよう。

PART ① スタイルUP

21

チェック！
体力UPの4つのコツ

体力がつくと、シェイプUPの効果も高まってくるんだよ。自分のペースで体力をつけていこう！

コツ❶
がんばりすぎない！

「体力をつけるぞ！」と意気ごんで、もっている体力を全部使いきっちゃうと、倒れてしまったり、ケガをする原因になったりするよ。体力UPのコツは、日常生活で使う体力を、意識して少しだけ増やすこと。ふだん、1日に使っている体力が30％くらいなら、それを50％くらいに引き上げるようなイメージだよ。「少しだけがんばる」を長く続ければ、かならず体力はUPするよ★

コツ❷
疲労を回復させよう！

体力がUPするのって、どのタイミングだと思う？　運動中……ではなく、じつは運動をして、しばらく経ってから！　たくさん運動したら、栄養バランスのよい食事をとって、ゆっくりお風呂に入り、それからしっかり眠ろう。そうしてつかれがとれたとき、体力がUPしているんだよ。もし、翌朝起きてもつかれがとれていないなら、ちょっと"がんばりすぎ"かも……。

22

コツ ③ 自分に合ったやり方で

ふたりが同じ日にシェイプUPをはじめても、まったく同じように体重が落ちるわけではないよ。体型や体質、代謝（26ページ）はひとりひとりちがうから、効果があらわれる日数も人によってまちまち。自分の体に合わせてマイペースにやらないと、"がんばりすぎ"になったり、楽すぎて体力UPにつながらなかったりしちゃうかも……。

PART ① スタイルUP

コツ ④ ゆっくり、長く続ける

体力は、短期間で一気にUPするものではないよ。毎日コツコツ、運動と休けいをくり返すことで、少しずつUPしていくもの！ ちなみに、急に体重を落とすようなダイエットは危険。ガリガリやせ（13ページ）につながって体をこわしてしまうし、急に落とした体重は、そのぶん急に戻りやすいんだ。代謝が下がっちゃうから、前よりもっと太っちゃう可能性が高いよ。

「がんばって運動しなきゃ！」って思ってたけど、無理しすぎると逆効果になっちゃうんだ〜。"少しずつがんばる"を意識しながら、みんなも、わたしといっしょにがんばろうっ♪

合言葉3
適度な運動でメリハリボディに!

美スタイルのヒケツは筋肉をつけて脂肪を減らすこと!

右の絵を見てみよう。このふたり、じつは同じ体重なんだよ。でも、右の子のほうがぽっちゃりして見えるよね。そのワケは、「脂肪」の量のちがい。筋肉と脂肪をくらべると、脂肪のほうが軽く、筋肉のほうがずっしり重い。だから、筋肉をきたえている子は、体重が重くても体が引きしまって見えるし、反対に脂肪が多い子は、体重が軽くても太めに見えてしまうんだ。運動すると、筋肉がついて脂肪が減るから、キュッと引きしまった美スタイルになれるんだよ!

同じ体重でも…

筋肉量が多い子は引きしまって見える!

脂肪が多い子はぽっちゃり見える…

標準体重って何?

「標準体重」は、病気になりづらいとされる、健康的な体重のこと! 標準体重を知ることで、自分が今、太りぎみなのかやせぎみなのかの目安になるよ。「ローレル指数」で調べてみよう。

ローレル指数＝体重g÷(身長cm×身長cm×身長cm)×10000

判定	ローレル指数
やせすぎ	100未満
やせぎみ	100以上～115未満
標準	115以上～145未満
太りぎみ	145以上～160未満
太りすぎ	160以上

身長140cm、体重35kgの子なら、
35000g÷(140×140×140)×10000＝127
つまり、身長に対する体重は「標準」になるんだ。

✓チェック！
体に脂肪がつくワケ

お金と同じように、脂肪も使わないと「貯蓄」されちゃうの！
エネルギーはどんどん使っちゃいましょ♪

PART ① スタイルUP

ごはんを食べると…

食べものは、2時間くらいで エネルギーになるよ！

食べものは、2時間くらいかけて、生命活動を維持したり、運動をしたりするためのエネルギーとなって体内に吸収されるよ。このエネルギーは、お金でいうと、すぐにおサイフから出して使える「現金」のような状態！

運動をすると↓

エネルギーが使われて脂肪にならない！

食後2時間くらい経ったころに運動をすれば、エネルギーがきちんと使われるから、脂肪になりにくいの！次の食事までに、ある程度エネルギーを使っておくとGOODだよ♪

運動しないと↓

エネルギーが脂肪に変わり、体についてしまう！

次の食事までにこのエネルギーが使われないと、体に「貯金」されるよ。つまり、脂肪として体についちゃうってこと！ これをくり返すと、体にどんどん脂肪がたまることに……。

使いきっちゃうとぐったり…

かといって、全部使いきっちゃうのもNG。日常生活を送るうえで必要なエネルギーまでなくなって、倒れちゃうかも……。

わぁーっ。わたしの場合、運動ができていなかったから、体に脂肪がたくさんついちゃったんだね……。きちんと運動して、脂肪を使っていかなきゃっ！

25

運動でキレイにやせるには？

正しいやり方をすれば、運動の効果は最大限に高められるんだよ♪
キレイにやせるための方法を徹底レクチャー！

2種類の運動をどちらも取り入れることが大切！

運動は、大きく分けて2種類あるよ。ひとつめが、長距離のランニングや水泳など、ある程度の時間続けて行える「有酸素運動」。カロリー（57ページ）をたくさん使う運動で、脂肪を早く燃やすことができるの。もうひとつが、強い力を瞬間的に使う「無酸素運動」。筋力トレーニングなどが代表的で、筋肉をきたえて、ボディラインを引きしめる効果があるよ。キレイにやせるには、2種類の運動、どちらも行うことが大切なんだよ♪

運動すると、代謝がUPして太りづらい体になる！

特別な運動をしなくても、生命を維持するために使われるカロリーのことを、「基礎代謝」というよ。筋肉は、脂肪の何倍も、カロリーの消費量が多いの。つまり、筋肉をつけることで、何もしなくても消費していくカロリーが増えるってこと！　それに、運動をすると、血行が促進されたり、つかれた体を回復させるためにカロリーが使われたりするんだよ♪　逆に、食べずに体重だけを落とすようなダイエットをくり返すと、脂肪が増える原因になって、もっと太りやすい体質になっちゃうんだって……。

食べないダイエットって、本当によくないんだ…。もう絶対にやらないぞ！

チェック！ 有酸素運動のポイント

ダンスも有酸素運動なんだって♪ ダンスについては、52ページでちょこっと紹介しているよ‥！

筋トレ→有酸素運動の順に行うと、効果が高まる！

運動をすると、最初に「現金」の状態（25ページ）のエネルギーが使われるよ。脂肪が使われはじめるのは、運動をはじめて、少し時間が経ってから。有酸素運動は、できるだけ20分以上続けよう。また、先に筋トレをして筋肉を刺激しておくと、運動効果がさらに高まるの！ 筋トレと組み合わせながら、さっそくチャレンジしてみよう！ なお、運動中は水分補給も忘れずに。

おすすめの運動

ランニング
走りやすいくつを用意しよう。走りながらおしゃべりできるくらいのスローペースで、20分以上走ってね。

なわとび
せまいスペースでも挑戦できるから、おすすめだよ♪ かけ足とびなど、長い時間行えるとび方を選んでね。

水泳
水の抵抗があるから、陸上で走るよりもカロリーの消費量が多いよ。水中でも汗をかくから、水分補給は必須！

ダンス
お気に入りの音楽に合わせて、体を動かそう。振りつけは気にしすぎないで、まずは楽しくおどればOKだよ♪

PART 1 スタイルUP

チェック！ シェイプUPエクササイズ（筋トレ）のポイント

32ページから、エクササイズのやり方をどーんと紹介！
その前に、ポイントをきちんとおさえよう♪

自分の理想のボディに近づくためのエクササイズに挑戦！

32ページから「足を細くしたい」、「おなかをぺたんこに！」など、部分別のシェイプUPエクササイズ（筋トレ）を紹介するよ。さっそく挑戦して、メリハリのあるボディをGETしよう！　挑戦するときは、1日に全部やらず、気になるエクササイズをいくつか選んで行ってね。
各エクササイズでは、続けて行ってほしい回数を「1セット」として紹介しているよ。最初は1セットからはじめて、なれてきたらセットの回数を増やそう！

シェイプUPエクササイズの前に

こまめに水分補給しよう

運動中は、こまめに水分補給を。汗で水が流れて、脱水症状を引き起こす可能性があるよ。

運動の前後にストレッチ！

ストレッチ（30ページ）してケガを予防しよう。運動後のストレッチは疲労回復を早める効果もあるんだよ。

Q 筋肉をつけるとごつくなるの？

筋肉は体をキュッと引きしめるためのもの、と考えて！

「筋肉をつける」と聞くと、マッチョ体型を思い浮かべる子もいるんじゃないかな？　でも、心配しないで！　ジムでバーベルを持ち上げるようなトレーニングじゃなければ、ゴツゴツとしたシルエットにはならないよ。むしろ、適度に筋肉をつけることで、全身をキュッと引きしめる効果があるんだ！　しかも、筋肉を動かすことで、脂肪のマッサージ効果が得られて、やせやすくなるんだよ。

筋肉で脂肪をマッサージ!?

筋肉を動かすと、まわりの脂肪が動いて……。

スラッとした足に!!

理想のボディを確認！

ふあぁぁ！ あこがれの体型だ〜♥ がんばって、理想の自分になるぞっ♪

フェイスラインがシャープで、首もほっそり！

背中にもぜい肉がついていない。姿勢もバッチリ♥

下腹がぺたんこで、お腹はぷにぷにしていない！

たぷたぷなんてありません！スラリとした二の腕。

お尻がキュッと上がっていて、足が長く見える。

ウエストのサイドがほっそり。くびれがある！

太ももは、内側も外側もほっそり。余計な脂肪はなし！

ひざや足首がキュッとしまっていて、メリハリのある足。

PART 1 スタイルUP

ボディサイズを正しく測ろう

ボディサイズは、週に1回測るよ。足を腰幅に開いて立ち、メジャーを使って、二の腕、ウエスト、ヒップ、太もも、ひざ、ふくらはぎ、足首の7か所を測ってね。測ったボディサイズは、ノートなどに記録しよう！

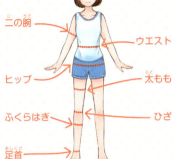

二の腕 / ウエスト / ヒップ / 太もも / ふくらはぎ / ひざ / 足首

まずは ストレッチからスタート！

いきなり運動をはじめちゃダメだよ〜。まずは、ストレッチで全身をしっかり伸ばしてね★

1 アキレス腱を伸ばそう

壁を使ったアキレス腱伸ばしのストレッチだよ。両足を前後に開き、両手を壁についてね。前側の足のひざを曲げ、後ろ足側のアキレス腱をググーッと伸ばすよ。呼吸は止めないようにしよう。反対側も同じように伸ばしてね。

後ろに伸ばす足のつま先は、前に向けてね。

2 足の後ろのラインをストレッチ！

足の後ろ側のライン全体を伸ばすよ。両足をそろえて立ち、息をはきながらゆっくり上体を倒そう。両手を床につけるようにして、深く呼吸しよう。無理はしないでね。

3 体を左右に ツイストしよう

腕と上半身のストレッチだよ。まず、両手を体の後ろで組んで伸ばすよ。足の位置は固定したまま、体を左右にツイストしよう！

4 開脚して、上体を 前と左右に倒そう

お尻を床につけて座り、両足を大きく開いてね。息をはきながら、上体を前に倒そう。次に、体を左右それぞれに倒し、わきをグーッと伸ばして。開脚はできる範囲で、無理はしないでね！

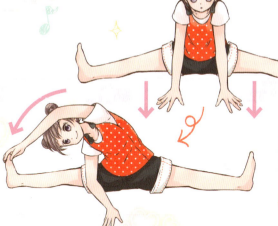

つま先は天井のほうに向けるよ。

ぐるぐる

5 首を まわそう

最後に、首を左右に倒したり、グルグルとまわしたりするよ。これでストレッチはOK！

PART 1 スタイルUP

エクササイズ❶ おなかをぺたんこにA

腹筋全体をきたえられるエクササイズ！ おなかの筋肉が少ない子でも挑戦しやすいよ。

1 あお向けに寝てスタンバイ

ひざを立てて、あお向けに寝るよ。手は伸ばして、ももの上に置こう。ここで一度息を吸って……。

足とひざは腰幅くらいに開こう。

2 両手でひざをタッチしよう

腰からウエストあたりを床から離さないように気をつけ、息をはきながら、背中を丸めるようにして、両手をひざに近づけよう。息をはき、そのままの姿勢で1〜2秒キープしたら、1の姿勢に戻るよ。

10〜20回やろう！

やっているとき、首や肩が痛くなってしまったら、中止してね！

エクササイズ❷
おなかをぺたんこに B（ビー）

おなかの下のほうをきたえるエクササイズ。
足全体の柔軟性を高める効果もあるんだ♪

1 あお向けに寝てスタンバイ

両足を真っすぐそろえて、あお向けになるよ。手は伸ばして、体の横に置いてね。深く息を吸って……。

2 片足を真っすぐ上に伸ばそう

息をはきながら、片方の足を真っすぐ上に向かって上げるよ。息を吸いながら1に戻り、反対の足を上げてね。リズミカルにくり返そう！

左右交互に20〜30回やろう！

おなかだけじゃなくて、足にも効果があるなんてうれしいな〜❤

エクササイズ ❸

キュッとした くびれに A

みぞおちからおなかの横の筋肉をきたえて、ウエストを細くするエクササイズだよ！

1 あお向けに寝てスタンバイ

足を腰幅に開いてひざを立て、あお向けの姿勢になるよ。両手は、後頭部で組んでね。息を吸って……。

2 ウエストをツイストし ひじとひざをくっつけて

息をはきながら、ウエストをツイストさせて、右のひじと左のひざをくっつけてね。むずかしい子は、近づけるだけでもＯＫ！ 1の姿勢に戻り、反対側も同じようにやろう。

左右交互に10〜20回やろう！

ウエストの「ねじれ」を感じながら挑戦すると、効果が高まるよ♪

エクササイズ ❹
キュッとした くびれに B

ウエストを中心にして、上半身をねじるエクササイズ。腰まわりのシェイプUPが期待できるよ♪

1 両足を広げて立ち、スタンバイ

両足を広めに開いて立つよ。両手は、後頭部で組んでね。

2 ウエストを支点に、上半身をねじろう

足を動かさないように注意しながら、ウエストを支点にし、上半身を片方にグッとねじるよ。1の姿勢に戻り、反対側も同じようにねじろう。

左右交互に 20〜30回 やろう！

下半身がフラフラしちゃうと、効果が半減。ふんばらないと！

PART 1 スタイルUP

エクササイズ❺
腰をキュッと引きしめる

背中から腰の筋肉をきたえることで、キュッと引きしまったウエストをGETできるよ♪

1 重りを持ち、足を腰幅に開いて立つ

ダンベルや、水を入れた500mlのペットボトルなどを用意し、左右それぞれの手で持つよ。足を肩幅に開いて立ち、ひざを軽く曲げたら、背すじを伸ばしながら上体を前に倒してね。息をすって……。

両足のつま先を前に向けてね。

2 上体を起こして背中を軽く反らせよう

息をはきながら、上体を起こして背中を軽く反らせてね。このとき、おしりは引きしめ、おなかを引っこめよう。ゆっくり1の姿勢に戻ってね。

10～20回やろう！

ウエストのエクササイズには、背中から腰の引きしめがとっても重要なの！

36

エクササイズ ⑥

わきのぷよぷよを解消！

背中や腕のつけ根、わきに効くよ。ここに筋肉がつくと、ウエストがくびれて見えるの！

PART ① スタイルUP

1 いすに背中をのせ、重りを持つよ

いすを用意しよう。いすに背中をのせてあお向けになり、ひざを90度に曲げるよ。ペットボトルなど、500mℓ〜1kgの重りを両手で持って、天井に向かって持ち上げてね。いすから落ちないように気をつけて！

10〜15回やろう！

2 腕を頭のほうに下ろして、上げよう

腕を頭のほうに向かって下ろすよ。ひじは最後に曲げ、重りをできるだけ床に近づけてね。ここで息をすい、はきながら1の姿勢に戻ろう。

わきに筋肉をつけると、そのぶんウエストの細さが強調されるんだって！

37

エクササイズ ⑦
足全体をスラリと細く

太ももの内側に効くエクササイズ！ 足全体がスラリと細くなるし、股関節の柔軟性もUP。

1 足を広く開いて立ち、スタンバイ

足を、腰幅よりかなり広めに開いて立つよ。つま先はなるべく外側に向け、お尻をキュッと引きしめてね。

10〜30回やろう！

2 腰を下ろし、すぐに立ち上がる

腰を下ろして息をすうよ。背すじはできるだけ真っすぐ！ 戻るときは、息をはきながら、お尻を引きしめて、太ももの内側を意識しながら立ち上がってね。

ひざとつま先の向きが、かならず同じになるようにしてね！

お尻は引きしめ続けて！

上体は真っすぐにし、お尻を引きしめながら、上体を上げ下げするよ。かかとは浮かないようにしてね！

太ももの内側、ぷにぷにだ〜。このエクササイズ、がんばんなきゃ。

エクササイズ❽
足のつけ根をほっそりさせる

お尻の外側と、太もものつけ根の外側に効くよ。ここをきたえると、一気に細見え！

PART **1** スタイルUP

1 四つんばいになってスタンバイ

ひざを床について、四つんばいになるよ。手は肩幅に開き、肩から真っすぐ下ろして、手のひらを床につけてね。

2 ひざを横に上げよう

片方のひざを少し床から浮かせ、横に向かって上げるよ。ひざは90度に曲げたまま、なるべく高く上げて。このエクササイズは、片足を続けてやってから、反対側の足をやるよ。

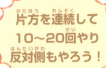

片方を連続して10〜20回やり反対側もやろう！

ひざは、真横に開くようにして上げるんだって！

エクササイズ⑨

足首をキュッと引きしめる

足首の柔軟性をUPしながら、キュッと引きしめる効果があるエクササイズだよ♪

ゆっくり10回 &すばやく10回 やろう！

1 足を前に伸ばし、足首の曲げ伸ばし

お尻を床につけ、足を真っすぐ前に伸ばすよ。まず、すねに力を入れてつま先を上に向けてね。次に、つま先をグッと伸ばし、ふくらはぎに力を入れよう。この動きをゆっくり＆すばやくやってね！

2 かかとをつけたまま つま先をまわそう

1の姿勢のまま行うよ。左右のかかとどうしをくっつけたまま、つま先を、ゆっくり大きくまわそう。できれば、両ひざもつけたまま行えると、効果がUPするよ。

足首をまわすだけだけど、とーっても効果があるの！イチオシのエクササイズだよ★

外まわしと内まわし それぞれ10〜20周 やろう！

エクササイズ❿

ふくらはぎと足首にメリハリ

ふくらはぎの筋肉をきたえて引きしめ、さらに足首をキュッと細くするエクササイズだよ。

1 片足で立ちかかとを上げ下げ

いすの背もたれなどを支えにしながら片足で立ち、もう片方の足は後ろにまわして、足先を手で持つよ。背すじを伸ばしたら、かかとをできるだけ上げてつま先立ちになろう。下ろすときは、ゆっくりと。

PART ① スタイルUP

片方ずつ
10〜20回
続けてやろう！

いすに浅く腰かけ、背すじは伸ばそう。

2 いすに座って、かかとを上げ下げ

今度はいすに座るよ。10〜20cmの高さの台を用意し、つま先をのせてかかとを床のほうに下げよう。ふくらはぎに力を入れながら、かかとをゆっくり上げ下げしてね。ひざの上に重りをのせると、効果がUP♪

10〜20回
リズミカルに
やろう！

ほっそりした足首ってあこがれちゃうよね♥
かかとをしっかり下げるのがポイント！

41

エクササイズ⓫

太ももの外側を引きしめる

腰から、太ももの外側にかけて効果があるよ。太ももの外側についたぜい肉に効くの！

1 横向きに寝てスタンバイ

横向きに寝るよ。片ひじをついて上体を起こし、左右の足をピンと伸ばしてね。

2 上側の足を真っすぐ上げよう

上側にある足を、上に向かって真っすぐ上げよう。お尻を引きしめながら真上に上げることを意識して。お尻が後ろに出ないように姿勢をキープしながらしっかり上げたら、1に戻ってね。このエクササイズは、片足を続けてやってから、反対側の足をやるよ。

片方を連続して10〜20回やり反対側もやろう！

つま先を真っすぐ前に向けてね。高く上げようとしなくてOKだよ。

エクササイズ⑫

太ももの内側を引きしめる

足をハサミのように交差させるエクササイズ。太ももの内側のぜい肉に効くよ！

PART 1 スタイルUP

1 あお向けに寝て、足を大きく開こう

あお向けに寝て、両手はお尻の横につくよ。両足をできる限り大きく開いてね。

20〜30回やろう！

2 足を閉じ、太ももあたりでクロスしよう

太ももあたりで交差させるようにして、両足をクロスさせるよ。このとき、足に力を入れ、ぜい肉をはさんでつぶすようなイメージで。1〜2をくり返すけど、クロスする足は上下を交互に入れ替えながら行おう。

太ももの内側のムダな脂肪を、ギュッとつぶしちゃおう♪

43

エクササイズ⑬

太もも&お尻をシェイプUP

太ももとお尻の筋肉をバッチリ引きしめ！
急がずに、できるだけゆっくり行おう。

1 足を開いて立ち、スタンバイ

腰幅よりやや広めに足を開いて立つよ。両手は、後頭部で組んでね。胸をしっかりはろう。

つま先を少しだけななめ外側に向けてOK。

ひざは、つま先と同じ方向に曲げよう。

ゆっくり10〜20回やろう！

2 背すじを伸ばしたまま腰をゆっくり下ろそう

胸をはったまま、上体を少しだけ前に倒しお尻を後ろにつき出すようにして、しゃがんでいくよ。このとき、ひざがつま先よりも前に出ないようにしてね。太ももと床が平行になるくらいまで下げたら、息をすい、はきながら１の姿勢に戻ろう。

かかとを少し上げると楽にできる！

足首がかたくてできない子は、2〜3㎝くらいの高さの台にかかとをのせながらやってみて！

このエクササイズをやると、全身の血のめぐりがよくなるの！毎日やってもOKだよ★

44

エクササイズ⑭

お尻全体を引きしめる

お尻全体をキュッと引きしめて、ヒップアップ！ 足を長く見せる効果も期待できるよ♪

PART ① スタイルUP

1 足をそろえて真っすぐ立とう

両足をそろえて真っすぐ立ち、胸をはるよ。両手は、後頭部で組んでね。

左右交互に20〜30回やろう！

2 片足をふみ出して腰を落とそう

片足を前に出したら、背すじを伸ばしたまま、両ひざをグッと曲げて腰を落とすよ。ここで一度息をすい、今度は息をはきながら、1の姿勢に戻ろう。同じように、反対側の足も行ってね。

後ろのひざは、なるべく床すれすれまで下ろすんだって！ きつい動きだけど、ヒップアップのためだよ〜！

エクササイズ⑮

背中〜お尻を シャキッと

背中とお尻を同時にきたえられるエクササイズ！ 姿勢が悪い子にもおすすめだよ★

1 うつ伏せになってスタンバイ

うつ伏せに寝るよ。手や足は、軽く開いて真っすぐ伸ばそう。この姿勢で、息を吸って……。

2 足と手をグッと上げ、体を反らそう

息をはきながら、足と手を同時にグッと上げ、体を弓のように反らせるよ。お尻に力を入れ、手や足はピンと伸ばしてね。

10回くらいやろう！

これ、けっこうきついから食後はやめておいたほうがいいかも。すご〜く効果があるよ♪

エクササイズ⑯ ヒップアップで足長見せ

お尻の上のほうに効果があるよ。ここがスラリとすると、足が長～く見えるんだ♪

PART 1 スタイルUP

1 四つんばいになり、片足を後ろに伸ばす

四つんばいの姿勢をとるよ。片方の足を真っすぐ伸ばして、つま先だけ軽く床につけてね。

2 お尻に力を入れながら足を上げよう

お尻に力を入れ、息をはきながら、伸ばした足を天井に向かって上げるよ。1秒姿勢をキープし、息をすいながら1の姿勢にもどってね。足を上げるとき、おなかの中心あたりを引きしめながらやろう！ このエクササイズは、片足を続けてやってから、反対側の足をやるよ。

片方を連続して10～20回やり反対側もやろう！

おなかに力を入れずに足だけを無理やり上げると、腰を痛めちゃうんだって！

47

エクササイズ⑰
上半身をスラリとさせる

腕や肩を引きしめるエクササイズ！ 上半身がほっそりするよ。きついけど、効果大!!

1 四つんばいになってスタンバイ

四つんばいになるよ。左右の手は、肩幅より少しだけせまくして、床についてね。肩から手首にかけて、垂直になるように！

きつい場合は、ひざの位置を前にしよう

力が弱くてうまくできない子は、ひざをつく位置を手に近づければ、楽にできるよ♪

2 腕を曲げていき、体を床に近づけよう

腕を、ゆっくりと曲げていくよ。このとき、ひじが開かないように注意してね。体を床すれすれまで近づけてから、1の姿勢に戻ってね。動作は、できるだけゆっくりしたほうが効果的だよ！

10～20回やろう！

できる子は、足を伸ばしてひざをつけずにチャレンジしてみて！

エクササイズ⑬
二の腕をほっそりさせる

二の腕（ひじ〜腕のつけ根）の後ろ側を引きしめる効果があるエクササイズだよ。

1 腕を後ろに向かって伸ばそう

ダンベルや、500mlペットボトルに水を入れたものを、片手で持ってね。足を少し開いて立ち、上体を床と平行になるくらいに倒したら、もう一方の手をひざについて、体重を支えるよ。その姿勢で、重りを持った手を真っすぐ後ろに伸ばそう。しっかり上げたら、元の位置まで戻すよ。ひじは、肩の高さをキープして。

片方を連続して10〜15回やり反対側もやろう！

2 腕を頭の後ろ側から、上に向かって伸ばすよ

ペットボトルを持ったまま、今度は背すじを伸ばして立とう。ひじを曲げて、手を後頭部のほうへ近づけたら準備完了。腕を上に向かって真っすぐ伸ばそう。ひじをしっかり伸ばしたら、ゆっくり戻すよ。

片方を連続して10〜20回やり反対側もやろう！

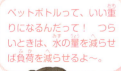

ペットボトルって、いい重りになるんだって！ つらいときは、水の量を減らせば負荷を減らせるよ〜。

PART ① スタイルUP

エクササイズ⑲

フェイスラインを シャープに

フェイスラインに効く エクササイズで、二重 あごとバイバイ！ 小顔に見せちゃおう！

1 足を伸ばして座り、グッとあごを上げよう

お尻を床につけ、足を真っすぐ前に伸ばすよ。両手を後ろについて上体を少し倒した姿勢をとり、あごをできるだけ上げてね。

2 あごを引いて下を見よう

姿勢はできるだけそのまま、できるだけあごを引いて、おへそを見るよ。ゆっくりと1の姿勢に戻ってね。

5〜10回やろう！

キリッとした小顔になれるんだって♪ テレビを見ながらとかでもできそうだね！

エクササイズ⑳

目のまわりを すっきりさせる

目のまわりの体操で、目指せ、目もと美人♥
目のつかれを取る効果も期待できるよ♪

PART 1 スタイルUP

1 目を大きく見開いて 目玉を左右に動かそう

姿勢を正してね。目をなるべく大きく見開き、目玉を右→左→右……と交互に動かすよ。左右それぞれ1秒ずつくらいのはやさで、10回くらい続けてね。

左右→上下、それぞれ10回やろう！

2 目玉を上下に 思いっきり動かして

1と同じやり方で、今度は目玉を上下に動かそう。これも、1と同じく1秒ずつくらいのはやさで、10回やってね。

目がつかれていると、顔全体がなんだか暗～く見えちゃうもんね。このエクササイズで、キラキラのひとみをキープしちゃお♪

3 目を閉じて、目を ゆったり休ませよう

1と2を続けてやったら、目を閉じて目を20秒くらい休ませてあげて。

51

音楽にノッちゃおう♪
ダンスで楽しくシェイプUP！

女の子に大人気の習いごと、ダンス。ダンスをすることで、楽しくシェイプUPができちゃうの！　そのヒミツをちょっとだけ公開♪

ダンスでキレイになれる5つのワケ

1 ダンスは有酸素運動のひとつ！

有酸素運動（27ページ）のひとつだから、長く動き続けることで、たくさんのエネルギーを消費して脂肪を減らせるんだよ♪　持久力がUPするのもうれしい！

2 肌がキレイになっちゃうことも…！

ダンスをすると、たくさんの汗をかくよ。すると、体にたまった老廃物をきちんと排出してくれるように！　血のめぐりもよくなって、お肌がキレイになるの♥

3 姿勢がよくなって美スタイルに！

とくにバレエなどは、スッと美しい姿勢をキープしながらおどるもの。日常生活でもキレイな姿勢を心がけられるようになるから、美スタイルになれるんだ！

4 見られることが増えて美意識がUPする♪

ダンスをはじめると、人前でステージに立つ機会も増えるよね。"見られる"ってとても大事！　より美しく見られるようにって、美意識が上がっていくんだよ★

5 ダンスの動きでシェイプUP！

ダンスの動きの中には、全身の筋肉を使う動きがたくさんあるよ。筋力トレーニングと同じような、シェイプUP効果が期待できるものも多いんだ！

ダンスの種類

ティーンに大人気のダンスを5種類紹介するよ♪ お気に入りをさがしてね！

ヒップホップダンス

いちばん人気！

ニューヨークで生まれたダンスで、激しい動きやカッコいい振りつけがたくさんあるダンス。アイソレーションや、アップ＆ダウンなどを基本にし、リズムに乗りながらステップをふんでダンスすることが多いよ。運動量が多いダンスだから、カロリーをたくさん消費できるのがうれしい！

バレエ

ヨーロッパから広まった、かわいいレオタードやチュチュを着ておどる、優雅なダンスだよ。柔軟性が高まる、姿勢がよくなる、全身がほっそり引きしまるなど、シェイプUP効果もばつぐん！

ジャズダンス

ストレッチや筋トレ、バレエの初歩的な動きを取り入れた、基本的なダンス。アイドルは、このダンスから勉強することが多いんだ。全身のシェイプUPはもちろん、上品におどりたい子におすすめ。

チアダンス

スポーツを応えんするチアリーディングから生まれたダンスで、ポンポンを持つポンダンス、ラインダンス、ジャズダンス、ヒップホップを組み合わせたもの。チーム一丸となっておどるダンスだよ。

フラダンス

ハワイから伝わったダンスで、ゆったりとした音楽に合わせながらおどるよ。でも、全身をくまなく使うから、シェイプUP効果はバッチリ！ とくに、二の腕とおなかのシェイプに効果があるよ。

PART 1 スタイルUP

チャレンジ ヒップホップダンスに挑戦

アイソレーションは、体の各部分を、独立して動かす動作のこと。基本的な、胸と腰のアイソレーションを紹介するよ。

ステップ❶ アイソレーション

❶ 胸を、前後・左右に動かそう

1

まずは、胸を前後に動かそう。足を開いて立ち、胸を前に出そう。肩がいっしょに動かないように注意！同じやり方で、胸を後ろに引いてみて。

2

次は、左右に動かす練習。肩を動かさないように注意しながら、胸を左に振るよ。同じように、胸だけを動かすように意識しながら、反対側にも振ってね。

❷ 腰を、前後・左右に動かそう

1

まずは前後から。腰を前に突き出そう。上半身はできるだけ動かさないようにしてね。同じやり方で、今度は腰を後ろに引いてみて！

2

次は、左右に動かすよ。腰だけを動かすイメージで、左→右→左……と動かそう。なれてきたら、腰だけをグルッとまわしてみてもいいね！

54

ステップ② アップ&ダウン
上下左右にアップ&ダウン！

次は、体を上下に動かしながらリズムをとる、アップ&ダウンを紹介！ 好きな音楽を流して、リズムにノッてみよう♪

1

足は肩幅くらいに開いて立つよ。体に力を入れないようにしてね。

2

ダウンするよ。腰を落とすと同時に、首、胸、腕、ひざを下げるイメージで！ 背中を丸め、ひじも曲げよう。あごも軽く引いてね。

3

2のダウンの姿勢から、一度1の姿勢に戻ってね（アップ）。左足に体重をのせてダウンの姿勢になり、右足は軽く床から浮かせるよ。

4

左ななめ上に向かって背中を伸ばし、アップ！ このあとは、右足に体重をのせてダウンの姿勢→右ななめ上にアップ……と、左右のアップ&ダウンをくり返そう。

バランスのいい食事メニューに!

偏った食事は絶対ダメ！楽しくごはんを食べよう♪

ダイエット中の食事って、どんな内容がいいと思う？「低カロリーのサラダオンリー」とか「夕食を抜く」とかって考えがちだけど、そういう偏った食事は、ぜーったいにダメ!!成長期のみんなは、大人以上にたくさんの栄養を必要としているもの。栄養が不足すると、ガリガリやせ（13ページ）の原因になっちゃうよ。キレイになるための食事を勉強しよう！　ちなみに、食事は「楽しく」食べることが大切。「いやいや食べると、脳が余分なものをためこもうとして、太りやすくなる」なんて説もあるんだよ！

こんな食事はNG！

✗食事を抜く
空腹を感じると、体は生命を維持するために次に食べたものをためようとして、脂肪がつきやすくなるよ。

✗きらいな食べものが多い
きらいな食べものが多いと、偏った食事の原因になっちゃうよ……。

✗お菓子を食事代わりにする
お菓子は栄養が偏っているから、食事代わりにするのは絶対ダメ！

✗同じものばかり食べる
栄養はいろいろな食材からとるのが理想的だよ。

✗いやいや食べる
「食べたら太るかも……」って罪悪感をもたず、おいしく食べよう♪

チェック！ カロリーってなあに？

カロリーは、生きるために必要なエネルギーのこと！

> カロリー？ うーん、とると太っちゃうものってイメージだけどな……。

カロリーって、シェイプUPにおいては「敵」みたいなイメージだよね。でもカロリーは、生きものにとってなくてはならないもの！ 人は、食べたものをエネルギーに変えて生命を維持する力にしているんだけど（25ページ）。その、エネルギーの熱量をあらわす単位が「カロリー」なんだよ。カロリーには、「摂取カロリー」と「消費カロリー」の2種類があるよ。摂取カロリーが、消費カロリーを上まわると、エネルギーが体に貯蓄されて、太ってしまうんだ。

摂取カロリー
食べものからとるカロリーのこと。パッケージなどに書かれている「kcal」という単位が、その食品で摂取できるカロリー量だよ。

消費カロリー
体を動かすために使われるカロリーのこと。運動だけではなく、心臓や脳を動かす「基礎代謝」でも、カロリーは使われているよ。

PART 1 スタイルUP

> 25ページで紹介した、「体に脂肪がつくワケ」もよーく読んでほしいな♪

高カロリー食品はほどほどに…

カロリーはダイエットの敵じゃない。じゃあ、何が敵なのかというと「栄養バランスが偏っていて、高カロリーな食品」だよ。たとえば、ピザやコーラ、スナック菓子などは、そのほとんどが脂質や炭水化物（糖質）。それなら、同じくらいのカロリーでも、栄養が豊富なものを食べたほうがすっごくいいんだよ！

> 栄養については、58ページからくわしく紹介していくよ！

ダイエットの敵！
ピザやコーラ、スナック菓子

こんな食品に変えよう！
和食やお茶、寒天ゼリー

チェック！ 栄養バランスのいい食事って？

さまざまな栄養素が
バランスよく含まれた食事！

「バランスよく」って聞くけど、それってどういう意味なのかな？ 食事のこと、教えて！

美ボディになるには、カロリーを落とすこと以上に、栄養バランスに気をつかうことが大切！ 栄養素とは、「食べものに含まれている、体を動かしたりつくったりするもの」のこと。栄養素は、代表的なものだけでも約30種類あるんだ。食材によって、含まれている栄養素はちがうから、いろいろなものを食べて、さまざまな栄養素を「バランスよく」とることが大切なんだよ。料理や食材と、栄養素の関係を見てみよう！

🍀 料理＆食材と栄養素の関係

料理グループ		おもに含まれる栄養素
主食	ごはん、パン、めん類など	炭水化物（糖質）
副菜	野菜、きのこ、いも類など	ビタミン、ミネラル、食物繊維
主菜	肉、魚、卵、豆製品など	たんぱく質
牛乳・乳製品	牛乳、ヨーグルト、チーズなど	ミネラル、たんぱく質、脂質
くだもの	みかんやりんごなど	ビタミン、ミネラル

5大栄養素の役割って？

たくさんある栄養素の中でも、とくに重要な5つの栄養素を「5大栄養素」というよ。まずはこの5つの栄養素をきちんと摂ることを考えてみよう！

炭水化物（糖質）
体や頭をはたらかせる「エネルギー源」だよ。不足すると、力が入らない、集中力が欠けるなどの原因に。

たんぱく質
筋肉や骨、血液、内臓のもとになる「体をつくる」栄養素。骨や髪、ツメを育てる役割ももっているんだ。

炭水化物、たんぱく質、脂質の3つは「3大栄養素」とも呼ばれ、体をつくるうえでとくに重要な栄養素だよ！

脂質
体の「エネルギー」になるよ。また、髪や肌をうるおすはたらきも。カロリーが高いから、摂りすぎに注意！

ビタミン
「体の調子をととのえる」栄養素。ビタミンA、C、Dなど、種類が多いから、意識していろいろ摂ろう。

ミネラル
「(骨など)体をつくったり体の調子をととのえたりする」よ。骨や歯のもとになるカルシウムや、血の材料になる鉄分などがあるんだ。

食物繊維をしっかり摂ろう！

ダイエットに欠かせない栄養素が、「食物繊維」。食物繊維は、体内で消化されない栄養素だけど、便通をうながしてくれたり、少量でおなかがふくらむから、食べすぎを防いでくれたりと、美容にうれしい働きをしてくれるんだ♪

こんな食品に含まれるよ
きのこ、ごぼう、こんにゃく　など

PART ① スタイルUP

キレイをつくる食事のコツ

毎日の食事は、カロリーと栄養を意識したメニューにしよう！ そのうえで、キレイをつくる食事の摂り方を５つ紹介するよ♪

コツ① 朝食をきちんと食べよう

「食欲がわかない」とか、「寝坊して時間がない」なんて理由で、朝食を抜いちゃうこと、ないかな？ じつは、１日の食事でいちばん大事なのは朝食！ 朝食を食べないと、体の機能が目覚めず、ボーッとしてしまったり、力が入らなかったりするよ。１日をシャキッとすごすために、朝食を大切にしよう！

コツ② ゆっくり、よくかんで食べよう

がつがつと早食いするのはＮＧ！ 人は、食べものを口にしてから満腹感を得るまで、30分はかかるといわれているんだ。早食いは、満腹感が得られないため、食べすぎの原因になるんだよ。それから、しっかりかむことも大事！ 食べものを口に入れたら、20回はかむようにして。胃の負担が減るし、早食いしなくなるよ。

コツ ❸ おやつタイムも気を抜かない！

「ダイエット中は、おやつを食べちゃダメ」って思いこんでない？　もちろん、ケーキやスナック菓子を食べすぎると、太る原因になるよ。でも、カロリーや脂質、糖分をおさえたおやつなら、食べてもOKなんだ♪　おすすめは、ビタミンが豊富なくだものや、カロリーが低く食物繊維が豊富な寒天ゼリーだよ。

コツ ❹ 腸を温める食材を食べよう

食べものには、食べると体を温める働きがある「陽性」と、冷やす働きがある「陰性」があるよ。体を冷やす食べものを食べすぎると、腸が冷え、内臓の機能が低下して代謝が下がってしまうんだ。体を温める食べもので代謝を上げよう！陽性の食べものは、太陽が届きにくい土の中などで取れる、根菜類が代表的だよ。

コツ ❺ 塩分のとりすぎには注意！

「塩分」をとりすぎてしまって、やせづらくなっている子が多いんだ。塩分をとりすぎると、体が水分をためこむようになってしまい、むくみの原因になるよ。体がむくむと、代謝まで落ちてしまうといわれているんだ。塩分は、ハムやソーセージなどの加工食品、スナック菓子などに大量に含まれているから、とりすぎないように注意しよう！

合言葉5
やせ習慣でシェイプUP！

美ボディの持ち主の習慣をマネしてみよう！

エクササイズをしたり、食事に気をつかったりして、コツコツシェイプUPを続ければ、かならず成果はでるよ。さらに効果を高めるためには、日ごろの生活に、「やせ習慣」をとり入れるのがおすすめ！ 理想のスタイルの持ち主たちがこっそりやっている習慣をマネして、美ボディ女子の仲間入りをしちゃおう★ 朝、昼（学校）、夜のやせ習慣を紹介するから、ぜひ実践してみて。

しっかり睡眠をとることが大切！

シェイプUPのカギは、食事と運動、そして睡眠だよ！
寝不足におちいると、脂肪の燃焼を促進してくれる「成長ホルモン」や、食欲をおさえる「レプチン」の分泌が低下したりするといわれていて、太りやすくなる原因に……。
良質な睡眠は、心身の健康につながるんだよ♪

朝のやせ習慣

忙しい朝も、努力しだいでやせ習慣は取り入れられる！3つの習慣で、体をシャキッと目覚めさせよう♪

洗面所でタオルエクササイズ！

腕をグルグルまわすことで、体を目覚めさせ、血のめぐりをよくしてくれる体操を紹介するよ。二の腕や上半身をほっそりさせる効果も期待できるの！

朝、顔を洗って保湿したら…

そのまま両手でタオルを持って、ひじを曲げずに胸の前→頭の上→背中側へとまわそう！

PART ①　スタイルUP

朝の散歩でウォーキング！

ウォーキングは全身運動になって、シェイプUP効果が期待できるよ。犬を飼っている子は、ぜひおうちの人といっしょに朝のさんぽをしよう！　正しい姿勢（17ページ）を保って歩こう♪

寝起きにコップ1杯の白湯を飲もう！

朝起きたら、白湯（何も入れていない水を沸騰させたお湯）を1杯飲もう！　胃腸が温まり、内臓機能の働きがよくなる、代謝が上がる、便秘を解消してくれるなどの効果を得られるといわれているよ。

学校のやせ習慣

> 平日は、1日の大半をすごすことになる学校。ラク〜にできちゃうシェイプUPトレーニングに挑戦しよう！

授業中や休み時間にプチシェイプ！

いすに座ったままできる「プチシェイプ」を3つ紹介！ シュラッグは、ほとんど体を動かさないでもできるから、すき間時間に気分転換でやってもいいかも……!?

フレンチプレス

> 腕をほっそりさせる

シュラッグ

> 首すじをすっきりさせる

両手で、いすのサイドを持つよ。

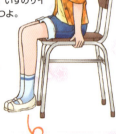

本や辞書を両手で持つよ。息をはきながら、腕を伸ばして頭の上へ。

息をすいながら、ひじを後ろの曲げよう。腕が耳をかすめるイメージで。

そのまま軽く肩を上げて、6〜8秒静止しよう。

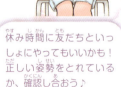

ニートゥチェスト

> おなかまわりすっきり！

いすに座って背もたれに寄りかかり、息を吸いながら足を伸ばすよ。

息をはきながら、両ひざをグッと曲げて、胸に引きつけよう。

> 休み時間に友だちといっしょにやってもいいかも！正しい姿勢をとれているか、確認し合おう♪

64

夜のやせ習慣

お風呂の時間や、寝る前のちょっとした時間もムダにしないで！ 寝つきをよくする効果も期待できるんだよ♪

バスタイムにシェイプUP！

お風呂の時間は、絶好のシェイプUPタイム♥ 体を温めるために、できるだけ湯船につかるようにしよう！ ここでは、湯船の中でできる3つのプチシェイプを紹介するよ♪

長湯しすぎたり、シェイプUPに夢中になりすぎたりして、お風呂でのぼせないように気をつけながら行ってね！

PART ① スタイルUP

バスタブの中でやってみて！

浴そうに寄りかかりながら、おなかに力を入れてV字バランス！

両腕で、浴そうをグッと押そう。二の腕によく効くよ♪

背中で手を合わせたり、つないだりしよう。肩まわりのストレッチに。

寝る前にストレッチしよう！

おやすみ前のリラックスタイムには、ぜひストレッチをしてみて。1日のつかれをいやせるし、深い眠りにつくことができるんだって！ また、「寝ながら脂肪燃焼ができる」なんて説もあるんだよ★

おふとんの上で、軽くストレッチする習慣をつけよう♪

65

お悩み解決レスキュー！

体のこと

ダイエットにともなう、体のさまざまなお悩みをズバリ解決！　根気よく取り組めば、悩みはきっと改善するよ♪

ねこ背がなおらない…

ねこ背

つねに背すじを伸ばす努力を！
背骨伸ばしのエクササイズも◎

ねこ背とは、背中がまあるくなって、胸が引っこんだような姿勢のこと。見た目にもうつうつと暗〜い印象だし、スタイルも悪く見えちゃう……。何より、肺や胃などの内臓を圧迫するから、体にもよくないよ。日ごろから背すじを伸ばすように意識してみて！　下のエクササイズのほか、休み時間にぴょーんとジャンプするのもおすすめだよ。

ねこ背解消エクササイズ

チェスト・ストレッチ

腕を後ろに組むよ。胸をはってななめ上を見るイメージで、背骨を伸ばそう！

弓のポーズ

うつぶせになり、足を腰幅に開いて、右手で右足首、左手で左足首をそれぞれキャッチ。息をはきながら、足を上げて背中をゆっくりと反らせよう。

66

便秘が続く…

食生活の見直し&エクササイズで改善しよう!

「便秘」は、排便の回数が少なかったり、出にくかったりする症状だよ。排便が週に2回以下だったり、便が出ずに腹部に不快感があったりするなら注意が必要。改善するには、
①水分や、食物繊維が豊富なくだものや野菜などをきちんと食べる。
②規則正しい生活を送る。便意はガマンせず、毎日同じ時間にトイレに座る習慣をつける。
などを意識してみよう! また、下で紹介するエクササイズもおすすめだよ。

便秘解消エクササイズ

1 正座して、両手を後ろにつけるよ。

ガスぬきのポーズ

これもおすすめ!

あお向けに寝て、両手でひざを抱えるよ。
息をはきながら、ひざを体に近づけてね。

2 息をはきながら、上体を後ろにたおそう。たおしたら、両腕を頭の上で組んでね。わきは伸ばそう!
できない子は、片足を伸ばしてやってもOK!

O脚、またはX脚

足の筋肉のバランスが悪いと、O脚やX脚になってしまう！

O脚 **X脚**

足は、バランスよく筋肉がついていれば、スラリと真っすぐになるもの。腰や足の筋肉のバランスが悪いと、「O脚」や「X脚」になるよ。ちなみにO脚は、真っすぐ立ったときに、ひざの内側どうしが離れてしまう状態。X脚は、ひざどうしはくっつくけれど、かかとがくっつけられない状態だよ。どちらの場合も、足腰の筋肉を伸ばすストレッチを根気よく行えば、解消できることが多いんだ。

足のゆがみ解消エクササイズ

1

お尻をつき、足を投げ出して座るよ。足をそろえて、①親指どうしをくっつけてかかとを開く、②かかとをくっつけてつま先を開く、の2つをやってみて！

2

①内側に倒す

②外側に倒す

やりづらいのはどっちかな？

①と②、やりにくいほうを重点的に伸ばすよ。やりにくかったほうの姿勢をとり、そのまま前屈しよう。ひざをしっかり伸ばしてね！

足がむくんじゃう…

血のめぐりが悪いから起こる症状！
こまめな運動で改善しよう

足首やふくらはぎが、パンパンにむくんじゃう……。とくに、長時間座っていたり、立っていたりすると、むくみやすくなるよね。これは、血液中に余分な水分がたまるのがおもな原因で、血行が悪いと起こるよ。きちんと運動をすれば、筋肉が血のめぐりをよくするポンプ代わりになってくれるから、むくみは起きにくいんだ。1時間に1回、足首をグルグルまわしたり、ふくらはぎをマッサージするだけでも、かなり改善するよ。

PART ① スタイルUP

足のむくみ解消のポイント

足をこまめに動かそう

1時間に最低一度は、足を動かしたり、軽いマッサージをしたりしよう。また、寝転がって両手足を天井に向け、ブラブラ振るのも効果があるよ♪

バスタイムにマッサージ！

血行をよくするために、毎日湯船につかろう。体を温めたあと、絵のように、つま先から足のつけ根に向かって手やブラシでマッサージすると、効果UP！

顔がむくんじゃう…

朝起きたら、顔がむくんでパンパン……！ 改善マッサージを紹介するよ。

1 滞っている水分を流すために、まずは首をほぐすよ。左まわりに3回、右まわりに3回、首を大きくまわそう。

さこつ

2 さこつの上にあるくぼみに、親指以外の指を4本入れるよ。同時に20回ずつ、プッシュしよう。

3 クリームやオイルを手に取り、あごから耳の上にかけて10回ほどマッサージ。引っぱり上げるイメージで！

4 耳の後ろから首すじにかけて、余計なものを流すようなイメージでさこつに向かって10回ほどマッサージ。

わぁっ、コトネがんばったねっ！

っ、うん！

PART2
おしゃれガールになるための♥
センスUP↗↗レッスン♥

おしゃれマスターになって、みんなの視線をひとりじめ♥　自分にぴったりのテイストを見つけて、じょうずにコーデするテクを大紹介！　かわいいヘアアレも教えちゃうよ★

センスUPの5つの合言葉

おしゃれってワクワクしちゃう♥
コーデだけじゃなくて、ヘアアレも大切なんだねっ♪

合言葉1
自分に似合う
テイストを知ろう！
→ **74**ページ

合言葉2
じょうずに
コーディネートしよう
→ **86**ページ

季節ごとにぴったりの
コーデを考えるのって
楽しいよね♪

合言葉3
季節に合った
着こなしを楽しもう
→ **92**ページ

合言葉4
体型の悩みを
コーデでカバーしよう
→ **100**ページ

合言葉5
ヘアアレンジで
もっとかわいく！
→ **106**ページ

シェイブUPして、二の
腕や足を出すのが怖くな
くなったよ！ おしゃれ
を楽しみたいな♪

PART 2 センスUP

合言葉 1
自分に似合うテイストを知ろう

テイストを意識するとおしゃれレベルが急上昇！

服を組み合わせて着ることを、「コーディネート」とか「コーデ」っていうよ。おしゃれするときに、適当に服を組み合わせちゃうと、なんだかちぐはぐなコーデになっちゃうことがあるよね……。でも、「テイスト」を意識することで、コーデがまとまって、グッとおしゃれに見えるの！ テイストとは、女の子っぽくてかわいい、カラフルで元気など、服を着こなしたいイメージ別に分けたものだよ★

テイストを意識すると…

コーデがきちんとまとまる！
トップスやボトムス、小物など、アイテムのテイストを合わせることで、コーデに統一感が生まれるんだよ♪

買いもので悩まなくなる！
テイストを知ることで、どんな服が自分に合うかがわかるようになって、買いもののときに悩まなくなるよ。

76ページから、9種類のテイストを紹介していくよ♪ 自分が気に入ったテイストを選べばOKだけど、迷ったら右ページの診断に挑戦してみよう！

生年月日でわかる！お似合いテイスト診断

どのテイストが似合うのか迷っちゃった子のために、
誕生日でわかるお似合いテイスト診断を紹介するよ♪

運命数をチェックしてみよう！

やり方
① 数字を1文字ずつ分けて、それぞれ足そう
② ①の合計数を、1ケタになるまでさらに足そう

例 誕生日が2007年8月29日の子は…

$2+0+0+7+8+2+9=28$

$2+8=10$

$1+0=$

この数字があなたの運命数！

⬇

運命数でわかる！あなたのお似合いテイストは…

運命数

1	ガーリーテイスト	76ページ
2	フェミニンテイスト	77ページ
3	カジュアルテイスト	78ページ
4	プレッピーテイスト	79ページ
5	ポップテイスト	80ページ
6	ボーイズライクテイスト	81ページ
7	スポーティーテイスト	82ページ
8	マリンテイスト	83ページ
9	クールテイスト	84ページ

PART ② センスUP

わたしはカジュアルテイストだったよ！ さっそく見てみよ〜っと♪

運命数 ❶ の子にイチオシ！
ガーリー
テイスト

ふんわり甘あま♥
「女の子っぽい」コーデ

ガーリーは、日本語で「女の子っぽい」って意味をもつ言葉。つまり、フリルやパステルカラー、リボン、花柄、チュールレースなどなど、女の子がだ～い好きな、キュートなモチーフを詰めこんだコーデだよ♥ ピンクや白など、ふんわりした色合いが好きな子にぴったり！

ピンク×白でまとめれば王道ガーリーの完成♥

イチオシアイテム

カンカン帽
ストロー素材（麦わらであんだもの）でつくられた、大人ガーリーな帽子だよ♪

シュシュ
くしゅくしゅとした質感のヘアアクセ。腕に通してブレスにしてもかわいい♥

76

運命数❷の子にイチオシ！
フェミニン
テイスト

フィッシュテールスカートをブラックでピピッと引きしめ！

PART❷ センスUP

レディをイメージした
大人かわいいコーデ

ガーリーが女の子っぽいコーデなら、フェミニンはより大人の女性っぽいイメージ。ハデな柄ものはあまり取り入れず、モノトーンのアイテムを着こなしながら、シフォン素材やキレイ色のアイテムでかわいさをプッシュしよう！　大人＆かわいい、いいとこどりのテイストだよ♥

イチオシアイテム

ネックレス
小さめモチーフの大人かわいいネックレス。コーデのアクセントになるよ！

クラッチバッグ
持ち手がついていない、抱えるタイプのバッグ。大人っぽく決まるの★

運命数3の子にイチオシ！
カジュアル テイスト

ほっこり＆かわいい！
ティーンに大人気のコーデ

"キメ"すぎない、ほっこりしたナチュラルなかわいさがミリョクの、カジュアルコーデ。通学コーデの定番テイストで、女子小学生からの人気が高いよ！

カーキやブラウンなどのアースカラーや、ボーダー柄、チェック柄、デニムアイテムなどを取り入れるとGOOD★

カジュ系アイテムてんこもり♪ナチュかわな着こなしに！

イチオシアイテム

ニット帽
秋〜春にぴったり！　かぶるだけで、ほっこりかわいく決まるのがうれしい！

マフラー
サッと巻くだけで、コーデのアクセントになるよ。こちらも秋〜春におすすめ★

運命数 4 の子にイチオシ！
プレッピー
テイスト

まるで学校の制服…!?
スクール風コーデ

アメリカの私立高校の学生が好んだ、制服を着くずしたようなコーデだよ。Vネックのカーディガンや、シャツ、チェック柄スカートなどが王道のアイテム！　きちんと＆かわいく着こなして、グッドガールに変身しちゃおう★　お呼ばれなどでも好印象のテイストだね！

定番プレッピーコーデは、スニーカーであえてハズして♪

PART ② センスUP

イチオシアイテム

だてメガネ

度が入っていないだてメガネ。きちんと感を演出するのにぴったりなアイテム！

ローファー

足もとをローファーにするだけで、コーデがグッとスクール風になるんだよ♪

79

運命数 5 の子にイチオシ！
ポップ テイスト

カラフルでハデな
元気い〜っぱいのコーデ

パキッとしたビタミンカラーやネオンカラー、ハデな柄ものなどを組み合わせた、元気いっぱいのコーデだよ★ ハデなアイテムを取り入れるから、組み合わせを考えないとコーデがごちゃついちゃうことも……！じょうずにポップコーデを着れる子は、おしゃれ上級者かも★

小物で色をきかせれば、デニムコーデもグッとポップに☆

イチオシアイテム

缶バッジ
服や帽子などにつけると、コーデが一気に楽しげになるのがうれしい！

ソックス
カラフルなソックスをアクセントにして、足もとまでおしゃれに決めよう♪

運命数 6 の子にイチオシ！
ボーイズライク テイスト

"男の子っぽい"アイテムでかわいいとカッコいいを両立！

その名の通り、「ボーイズ＝男の子」っぽいアイテムを投入したコーデ。シルエットをゆったりさせて、黒をきかせよう！
おしゃ見せするコツは、あえてスカートを合わせるなど、女の子っぽさも忘れないこと。そうすることで、カッコよくてかわいいコーデがつくれるんだよ♪

PART ② センスUP
ゆるだぼパーカはカモフラ柄を足してエッジィに！

イチオシアイテム

リュック
ちょっと大きめのリュックがイチオシ！機能性もバツグンだし、カッコいい★

黒ブーツ
足もとは、かっちり見せるとバランス◎！黒をきかせてカッコよく決めよ♪

81

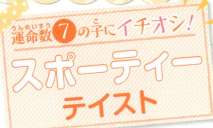

運命数❼の子にイチオシ！
スポーティー
テイスト

"スポーツっぽさ"を投入した元気系コーデ！

その名の通り、スタジャンやキャップ、ナンバーモチーフなど、"スポーツっぽい"アイテムを投入したコーデだよ♪　「ヤンチャで動きやすくて、しかもかわいい！」なんて、いいとこどりのテイスト★　カラフルなアイテムで元気系にまとめれば、通学コーデにもぴったりだよ♪

キャップ＆スタジャンでスポ度120％におまとめ！

イチオシアイテム

キャップ
スポーティーの定番といえば、キャップ！　かぶるだけでコーデがスポに♪

スニーカー
王道のシューズだからこそ、デザインにこだわって、まわりと差をつけよう★

運命数 8 の子にイチオシ！
マリン テイスト

夏&海にベストマッチ！
水兵がモデルのコーデ

コーデのモデルは、水兵さん！赤×青×白の「トリコロール」配色や、海にぴったりのヨットや浮き輪、いかりなどのモチーフ、セーラーえりなどを取り入れたコーデが代表的だよ。とくに夏にぴったりなテイストだけど、近年は定番テイストとして、1年中着られているんだ。

PART ② センスUP

足もとに赤色をきかせればさりげなトリコロールが完成♪

イチオシアイテム

セーラーえり
水兵の制服にも採用されているセーラーえり。つけえりも人気だよ♪

マリンキャップ
水兵さんがかぶっていたキャップ。キャスケット帽にも似ているね♪

83

運命数9の子にイチオシ！
クール
テイスト

大人カッコいい！
セクシー系のコーデ

大人っぽくてカッコいい、ちょっぴりセクシーなフンイキのコーデ。シルエットはタイト気味に、モノトーンを基調にまとめるとGOOD！小物は、メタリック系やレザー素材のものがイチオシだよ★ キラッとセンスのよさをアピって、周囲に一目置かれちゃお♪

タイトなシルエのインナーに、ゆるカーデをONした上級コーデ♪

イチオシアイテム

レザーバングル
レザータイプのバングル！太めだから、腕をきゃしゃ見せできるの♥

ロングブーツ
スラリとしたシルエットになる、ロングブーツ。ミニスカと相性バツグンだよ！

☆★ お★まけ ★☆
運命数別ハッピーアドバイス

75ページで診断した9つの運命数。
おまけで、ハッピーになるためのアドバイスを伝授しちゃうよ♪

PART 2 センスUP

運命数 1
あなたは、ハッと目をうばわれるような、アイドル性がある子みたい♪ コーデにティアードスカートを取り入れると、もっともっと注目を浴びられそうだよ♥

運命数 2
やさしくて、だれに対しても親切に接することができる子だよ！ ブルーのサンダルをはくと、まわりの人もあなたのことを助けてくれそうな予感……！

運命数 3
積極的で責任感があるから、リーダーを任せられることも多いタイプ！ コーデに赤色のアイテムを取り入れると、よりパワフルにカツヤクできそうだよ★

運命数 4
おっとりさんに見られがちだけど、じつは芯が強いしっかり者さんだよ。白の短めソックスをはくと、考え方が似ている子と心友になれちゃうかも……♪

運命数 5
いつも元気でニコニコしている子！ あなたを見ているだけで元気になれそうだね♪ 黄緑のヘアゴムを身につけると、頭の回転がすごーくはやくなるかも！

運命数 6
正義感が強くて、曲がったことはゆるせない性格！ とくに年下の子にたよりにされそうだよ★ コーデにオレンジを取り入れると、さらに人気者になれそう！

運命数 7
まわりとはちょっと違うしゅみに全力で取り組める、アツい心をもっているよ。パープルのキャップをかぶると、悩みごとがどこかに吹き飛んじゃいそうだよ♪

運命数 8
自由な発想で、いつも新しいことにチャレンジできるタイプだよ。社交的で、友だちも多いみたい♪ ネイビーの小物を持つと、落ちついて物事に取り組めちゃいそう。

運命数 9
おしゃれが大好きで、クラスのファッションリーダー的存在！ シルバーのポーチを持ち歩くと、おしゃれのアイデアが次つぎに浮かんで、さらにレベルUPできそう♪

85

合言葉2 じょうずにコーディネートしよう

おしゃれな子＝コーデじょうずな子のこと！

おしゃれな子って、どんな子だと思う？全身を見たときのバランスがよくて、自分に似合う服がわかっていて、トレンドをうまく取り入れていて……。つまり、アイテムをバランスよく組み合わせられる、コーデがじょうずな子ってこと！　74ページで紹介した「自分に似合うテイスト」を頭において、次の5つを意識してコーデすると、おしゃれレベルがグッとUPするよ♪

コーデの5つのコツ

コツ1 色のバランスをととのえよう
→ 87ページ

コツ2 柄をじょうずに取り入れよう
→ 88ページ

コツ3 シルエットを意識しよう
→ 89ページ

コツ4 小物をうまく活用しよう
→ 90ページ

コツ5 同じ服をうまく着まわそう
→ 91ページ

テイストとこの5つのコツをマスターすれば、絶対おしゃれになれるよ♪

コツ① 色のバランスをととのえよう

コトネとリリちゃんは何色が好き？ もちろん、好きな色の服を着てもいいんだけど、色がもつイメージを知ってじょうずに組み合わせると、グッとおしゃれになれるんだよ♪

色の組み合わせ方をマスターしよう！

色をいくつも使うと、コーデがごちゃごちゃした印象になりがち。使う色は、①コーデ全体の50%以上に使う「メインカラー」、② 20〜40%くらい使う「アソートカラー」、③ 10%以下で差し色として使う「アクセントカラー」の3色くらいにしぼると、まとまりやすいよ♪ 使う色を決めるときは、色がもつイメージを意識するのがおすすめ。配色のイメージを紹介するよ♪

たとえば…

メインカラー
水色

アソートカラー
白

アクセントカラー
ピンク

PART ② センスUP

色の配色イメージの例

かわいい♥
ピンク／黄緑
白 水色 黄色 ピンク

ポップ♪
黄色／赤
青 水色 ネイビー 黄色

ナチュラル
黄緑／オレンジ
オレンジ グレー 白 カーキ

カッコいい★
黒／むらさき
ネイビー 黄色 黒 ピンク

コツ❷ 柄をじょうずに取り入れよう

柄ものは、1枚でおしゃれ見せできるセンスUPアイテムだよ♪
でも、合わせるのがちょっぴりむずかしいよね……。柄の合わせ方
をマスターして、ワンランク上のおしゃれを楽しもう★

柄ものは1アイテムから取り入れてみよう！

柄ものを取り入れるとき、別の柄どうしを合わせるのは、かなり上級向け。まずは、柄ものを1アイテム投入した、「柄×無地」のコーデに挑戦してみよう！　柄の種類はいろいろだけど、まずはティーンに人気がある、6つの柄をおさえておくといいかも♪

人気の柄を紹介！

花柄 / チェック柄 / 水玉柄
ストライプ柄 / カモフラ(迷彩)柄 / ノルディック柄

柄コーデの例

柄×無地

無地のブラウスに花柄スカートを合わせた、ガーリーな組み合わせだよ♥

柄×柄

モノトーン系アイテムなら、ちがう柄でも合わせやすいのがうれしい！

コツ③ シルエットを意識しよう

シルエットとは、洋服を使って全身の"ライン"をつくることで、理想のスタイルに見えるようにするコーデのテクニックのひとつだよ！ 代表的な４つのシルエットを紹介するね♪

PART ２ センスUP

Aライン
上半身はすっきり、下半身をふんわりさせた、アルファベットの「A」のようなシルエット。やさしくてガーリーな印象に♥

Iライン
タイトな服を着て、全身を「I」のように細く、長く見せるシルエット。スタイリッシュで大人っぽい印象に決まるよ★

Yライン

トップスにボリュームをつくり、ボトムスをすっきりさせた、「Y」のようなシルエット。なで肩ややせすぎのカバーに！

Xライン

ウエストをキュッとしぼった、まるで「X」ようにくびれのあるシルエット。女性らしく、はなやかなイメージになるんだ♥

89

コツ4 小物をうまく活用しよう

小物はコーデをはなやかにしてくれるから、積極的に取り入れたいよね♪ 小物もテイストや色をそろえると、ごちゃごちゃせずに着こなせるよ。3つのルールを意識してみよう♪

小物づかいのルール

1 全身のバランスをチェック！

コーデと同じように、テイストを意識することが大事。ガーリーコーデにはシュシュ、スポーティーにはキャップなどがおすすめだよ。

2 つけすぎはNGだよ！

小物は、つけすぎるとごちゃっとした印象に。2～3つくらいにする、同系色でまとめる、シンプルなデザインを選ぶなどを意識しよう。

3 シーンに合ったものを選ぼう！

セレモニーでリュックを背負ったりするのはNG。シーンに合ったものをチョイスしよう。また、季節にマッチしたものを選んでね。

イチオシの小物は…

キャップ
前につばがついた帽子。カジュアル、ポップ、スポーティーなど、どんなテイストにも合わせやすいアイテムだよ。

つけえり
シンプルなトップスに合わせると、コーデが一気にはなやかに！セーラーえりのほか、ガーリーに決まるレースのえりもおすすめ♪

だてメガネ
度が入っていないメガネ。顔の印象がグッと変わるから、イメチェンにぴったり！フレームの色はコーデに合わせて選ぼう！

コツ5 同じ服をうまく着まわそう

「服をたくさん持っている＝おしゃれ」ではないよ！ 持っている服が少なくても、じょうずに着まわしができれば、おしゃれは楽しくなるの♪ 着まわしテクをマスターして、おしゃれになろうっ♪

着まわしやすいアイテムを手に入れることも大切！

下の「着まわしの例」を見てみて。同じパーカでも、身につけ方を変えると、印象がグッと変わるでしょ？ 同じアイテムをいろいろな着こなしで着まわせる子が、おしゃれじょうずな子なんだよ♪ 買いものするときから、家にある服とうまく組み合わせられるかどうか、考えるクセをつけてみよう！

着まわしの例

この服を着まわし！

パーカ
シンプルな無地パーカ。着まわし力ばつぐん！

わあーっ、すごい！同じ服に見えないね♪

その1 はおりものに！

ガーリーなプリントワンピのはおりものにしたよ♪

その2 トップスに！

前をしめてショーパンと合わせれば、トップスに変身。

その3 アクセントに！

腰にクルッと巻けば、コーデのアクセントになる！

合言葉3
季節に合った着こなしを楽しもう

色と素材感を意識して
季節にマッチする服を選ぼう！

どんなにお気に入りのかわいい服でも、1年中着こなすのはなかなかむずかしいもの。服には季節感があって、夏に暑そうな服を着ていたり、冬に薄着でいたりすると、まわりの人に「暑苦しいな」、「寒そう〜」なんて思われちゃうよ。季節感を考えて服を選ぶようにしよう。ポイントは、服の色と素材感を意識すること！　たとえば、シャーベットカラーはすずしげで夏にぴったりだし、ニット素材は暖かそうで冬にマッチするよね♪

季節限定のコーデを楽しもう！

夏の浴衣や水着、冬のスキーウェアなど、特定の季節にだけ楽しめる服があるよ。ほかの季節だとなかなか着づらいものだから、機会があったらぜひ着てみよう★

チェック！ 1年間のコーデを見てみよう！

4月〜5月

季節ごとのおしゃれなコーデを大公開★ コーデの参考にしてみてほしいな♪

PART 2 センスUP

カーデと足もとのほわほわでドリーミーなフンイキをGET♡

カジュガーリーに決まるギンガムチェックのとりこ！

ちょっぴり肌寒い日もある4月は、5分丈カーディガンをはおってあたたかく♥

春の定番柄、ギンガムチェックのブラウスが主役。ショーパンで健康的に！

93

6月

おしゃれなレインブーツとかさで、雨の日も気分上昇⤴⤴

point
レインブーツやかさは、雨の日にこそ取り入れられるファッションアイテム！

7月〜8月

シャーベットカラー投入で夏をめいっぱい楽しもう！

point
スポポップなコーデ。すずしげなシャーベットカラーが、夏にベストマッチ★

夏だってガーリーが好き！

ポップなイメージがある夏だけど、素材感にこだわれば、ガーリーコーデもかわいく着れちゃう♥ カンカン帽やサンダルで、夏っぽさをプッシュしよ★

夏マリンは、パステル系で統一すれば、ガーリー派の子も挑戦しやすいね♪

PART ② センスUP

ひまわり柄スカートでガーリーなのに夏っぽい♪

セットアップならラク〜にコーデが決まる！

主役はひまわり柄スカート。すずしげなコットン素材のブラウスを合わせたよ♪

夏→秋にスイッチ！

まだまだ暑い日は続くけど、8月後半になったら、秋服の準備をはじめよう。レース素材のはおりものなどから取り入れるとGOOD！

秋のおしゃれって大人っぽくて好き〜♥

9月

10月〜11月

レースのロングジレで秋を先どりしちゃおう★

バーガンディカラーで大人クラシカルに…♡

point
まだまだ暑い9月。サンダルとソックスを合わせたり、ジレを投入してみよう♪

point
バーガンディは、渋みのある赤色のこと。深い色合いは、秋にぴったりだよ★

秋と春のちがいは…?

秋と春は気候が近いから、同じ服を着まわせるよ。おしゃれを極めるなら、色合いにこだわってみて。春はパステルカラーが、秋はちょっぴり渋めの色合いがおすすめだよ♪

秋〜冬にイチオシのレオパ柄で大人ガーリー化♡

PART 2 センスUP

MA-1をサッとはおってミリタリーコーデに挑戦!

point

レオパード柄のスカートは、黒でスパイシーに。ガーリーなブラウスが大人に進化。

point

大人っぽいミリタリーコーデ! カモフラ柄スカートとタイツがカッコイイね♪

秋→冬にスイッチ!

何よりもはおりものをスイッチすることが大切。ジャケットやカーディガンを、ダウンやコートなど、暖かみのあるものに切り替えを。

ニット帽やマフラーなど小物も投入していこう♪

12月〜2月

アウターもテイストを意識!

モッズコートはカジュアル、カラーダウンはポップ、ファーコートはガーリーなど、アウターもテイストを意識して選んでみよう★

モッズコートでカジュもこコーデの完成★

パキッとしたカラーダウンで寒さも吹き飛ばしちゃえっ!

point
カジュアルの定番アウター、モッズコート。ほっこりかわいくまとめたよ♪

point
ポップが好きなら、冬も明るい色で!素材にこだわれば寒く見えないよ♪

3月

トレンチコートで軽やかな春コーデのできあがり♪

ファーコートは1着で女の子っぽく決まるの♥

point
首まわりやそでのモコモコが、ガーリー度をUP♥ ヘアアクセもふわふわに！

point
かっちり見せできるトレンチに、クラシカルなワンピを合わせて大人っぽく！

冬→春にスイッチ！
春に向けて、薄手のはおりものを準備しよう。パステルカラーや花柄などのアイテムを取り入れれば、春はすぐそこ……！

1年のコーデ、どうだった？手持ちのアイテムで季節のコーデを楽しんでね♪

PART ② センスUP

99

合言葉4 体型の悩みをコーデでカバーしよう

背が低い

背が低いと、どうしても足が短く見えがちだし、バランスをとるのがむずかしいんだよね……。

⬇

上半身にポイントをおいて解決!

視線を上げることで、背が低いのが目立ちにくくなるよ! また、長すぎるボトムスはバランスがとりにくいから、ひざ上丈で、スラリとした体型に見せよう!

お悩み解決のコツ

ヘアアレは縦に長くすると◎
ポニーテールやおだんごなど、縦長に見えるヘアスタイルで背の低さをカバーしよう!

ストライプ柄で長〜く見せられる!
ストライプ柄のボトムスで、縦のラインを強調! さらにハイウエストで足長見せ♪

ヒールで身長をかせいじゃえ!
ヒールのあるくつをはいて、身長を大きく見せよう! ソックスをはくなら短めに。

足が短い

スラリとした長い足ってあこがれちゃうよね。コーデで足長見せするテクを紹介するよ♪

⬇

ハイウエスト&「同系色」で解決！

足長に見せるには、ウエスト位置を高くとることが重要！ ドッキングワンピやハイウエストスカートがおすすめだよ。また、ボトムスとくつを同系色でまとめるのも効果的★

PART ② センスUP

お悩み解決のコツ

ウエスト位置を高めにセット！
ドッキングワンピは、1着でコーデが決まる&足長見せが叶うスグレモノだよ♪

下半身にポイントをおいてみよう！
トップスは無地、ボトムスは柄ものなどにして、下半身にポイントを置くと足長に……！

腰より下は同系色でまとめよう
タイツとくつを同じ色にすると、足が長く見えるんだって。ヒールをはけば、効果倍増！

101

ぽっちゃりしている

ぷにぷにボディをじょうずにかくして、ほっそり見せしよ★　エクササイズ（24ページ〜）もがんばって……！

⬇

「首」を見せれば解決！

気になるところ全部かくそうとすると、おしゃれが楽しめなくなっちゃう……。見せるところとかくすところにメリハリをつけてみよう！　ポイントは、「首」を見せること★

お悩み解決のコツ

「首」を見せれば細く見える…!?
手首や足首は、体の中でも細いパーツ。チラ見せすると、全身がほっそり見えるんだよ。

ワイドパンツで細〜く見えちゃう！
ワイドパンツをゆったりはいて、細い足首だけを見せれば、足全体の細見せが叶う！

すっきりしたデザインの服を選ぼう
フリルなどのかざりが多い服は、体を大きく見せちゃうかも。シンプルなものを選ぼう。

顔が大きい

まんまるほっぺや、あごのえらが気になる子も多いのでは？ すっきり見せるテクを伝授！

⬇

首まわりに気を配って解決！

Vネックやスクエアネックなど、首まわりがすっきりした服を着ると、小顔効果がUP！ 大きめのイヤリングをつけると、顔が小さく見えるからおすすめだよ★

PART ② センスUP

二の腕がたぷたぷ

ぷにぷにの二の腕は、上半身が太く見えちゃう原因に。じょうずにかくせば目立たなくなるよ！

⬇

ほかに目をそらして解決！

5分丈など、二の腕をカバーできるトップスを選ぼう！ レースアップのかざりなどで、目線をそらすのも効果的だよ。首もとが広めの服を選ぶと、さらにすっきり見えるの♪

103

肩幅が広い

がっちりとした肩幅は、ちょっぴりいかつく見えちゃうのが悩みだよね。

↓

肩を思いきって出せば解決！

肩をかくそうとすると、布の面積が広くなって、余計にがっちりと見えてしまうよ。オフショルなどで、思いきって出しちゃおう！　小顔効果もGETできるんだって♪

お悩み解決のコツ

オフショルで肩を見せちゃおう！

オフショルや肩あきトップスで、あえて肩を見せて。首まわりがすっきり見えるよ♪

小物で目線を外してみよう！

目線を肩から遠ざけるために、帽子をかぶるのがおすすめ。小顔見せも叶うの♪

下半身はゆったりとさせて

目線をさらに肩から遠ざけるために、ゆったりシルエットのボトムスをチョイスしよう！

足が太い

上半身にくらべて、なんだか足が太めって子は多いみたい。エクササイズ（38ページ）もいっしょにやってみて！

下半身をすっきり見せて解決！

ボトムスは、引きしめ効果のある黒やネイビーカラーをチョイスしよう！ さらに、ロングカーデで縦のラインをつくることで、全身をほっそりと見せることができるよ♪

お悩み解決のコツ

テーパードパンツで美脚見せがかなう！

足のラインがキレイに見えるテーパードパンツ。濃いめの色でさらにほっそり見えるね♪

ロングカーデでスタイルUP！

縦のラインを強調するロングカーデは、スタイルUP効果が！ お尻もかくせるよ♪

ヒールで足を長く見せよう

ヒールをはいて身長を底上げすれば、そのぶん足も細く、長く見せることができるよ♪

PART 2 センスUP

合言葉5
ヘアアレンジでもっとかわいく！

ヘアアレンジにこだわれば
おしゃれ度は2倍に♪

かわいいヘアアレンジをしている子って、とってもかわいく見えるよね♪　ここからは、テイスト別のおすすめヘアアレンジを紹介していくよ★　不器用さんでも、練習しだいで絶対うまくなるから、くり返し練習してみよう！　最初は、おうちの人にやってもらって、形を確認するのもおすすめだよ♪

ヘアアレで使うアイテム

ヘアゴム
髪を結ぶゴムだよ。シンプルなものを用意すると便利！　かざり付きのものもかわいくておすすめだよ♥

ヘアピン
髪をおさえたり、ヘアスタイルがくずれないようにとめるピン。アメリカピン（アメピン）はかならず用意して！

ダッカール
あとで結ぶ髪を仮止めするときなどに便利！　「ヘアクリップ」と呼ばれることもあるよ。

ブラシ、コーム
髪の流れをととのえたり、髪を集めてまとめるときに使うよ。ブラシとコーム、どちらもあると便利なんだ！

ガーリーなヘアアレ
みつあみカチューシャ

わぁー、かわいい！
お姫さまみたいだね♥

用意するもの
- ヘアゴム 1本
- アメピン 2本

PART 2 センスUP

スタート

1 耳より前の毛をみつあみしよう

片サイドの、耳より前の毛を取り分けるよ。毛先までみつあみして、ゴムで結ぼう。

2 みつあみをほぐしてルーズに！

みつあみをふっくら広げるイメージで、あみ目から少しずつ毛を引き出し、ルーズにしよう。

3 みつあみを逆サイドに持っていき、ピンで止めて

2のみつあみを、反対側の耳あたりまで持っていくよ。耳のあたりでピンをさして止めよう。みつあみの真ん中あたりも止めておくと、くずれにくいよ！

みつあみがカチューシャに♥ ガーリー度120％アレンジ！

できあがり♥

107

フェミニンなヘアアレ
リボンMix みつあみ

用意するもの
- リボン
- ヘアゴム 2本

カンタンなのに、と～ってもかわいく決まるんだよ♪

スタート

1 髪全体をまとめて、リボンをセット！

髪全体を片サイドに寄せ、耳の横あたりで1つにまとめてゴムで結ぶよ。用意したリボンのはしを、ゴムに巻きこんでセット。

2 髪を3束に分け、リボンを入れてみつあみ

髪を3束に分け、そのうちの1本にリボンをそえてね。リボンもいっしょに毛先までみつあみして、ゴムで結ぼう。

3 みつあみをルーズにほぐして完成！

みつあみをふっくら広げるイメージで、あみ目から少しずつ毛を引き出し、ルーズにしよう。みつあみの形を確認して完成★

リボンでみつあみしちゃう!? まわりの視線をクギヅケに…♥

できあがり♥

カジュアルなヘアアレ
くるりんぱ
ツインテール

用意するもの
- ヘアゴム2本

王道ツインもひと工夫でおしゃれに変身するね♪

PART ② センスUP

スタート

1 髪を2つに分けて耳の下あたりで結ぼう

髪全体を2つに分け、耳の下あたりでゴムで結ぼう。このとき、きっちり結ばず、少しゆるめにするのがポイントだよ！

2 結び目の上にすき間を開け、くるりんぱ！

1の結び目の上に指を入れ、すき間を開けるよ。開けたすき間に、外から毛束を通そう！　これが「くるりんぱ」。

3 毛束を2つに分け、左右から引っぱる

くるりんぱしたら、毛束を2つに分け、左右から引っぱろう。すき間が目立たなくなるよ！　反対側も同じように！

こって見えるけどと〜ってもカンタンなのだ♪

できあがり♥

プレッピーなヘアアレ
ねじねじ×みつあみ

ただの「おさげ」じゃないんだ！すご〜いっ♥

用意するもの
- ヘアゴム2本
- アメピン2本

スタート

1 トップの毛を耳までねじねじ…

髪全体を左右に2つに分けるよ。まずは左サイドから。トップの髪をすくって、耳まできつくねじっていってね。

2 ねじった毛を耳の上でピンでとめよう

きっちりねじったら、くずれないように注意しながら、ピンを使って1を耳の後ろあたりで止めよう。

3 残りの髪を毛先までみつあみ！

左サイドの髪を合わせて、3束に分けよう。毛先までみつあみして、ゴムで結ぶよ。反対側も、同じようにつくってね。

カラフルピンでさらにはなやか♥

ねじねじとみつあみできちんと&かわいいが両立★

できあがり♥

ポップなヘアアレ
カラフルちょこ結び

これならショートの子でもできそうだね♪

用意するもの
- カラーゴム 10本〜
- 帽子（あれば）

PART 2 センスUP

スタート

1 最初に帽子をかぶってね
このアレンジは、帽子をかぶるとさらにかわいくなるよ♥　帽子をかぶらない子は、そのまま 2 へ進もう！

2 サイドの髪をカラーゴムで結ぶよ
耳の横あたりの髪を少しだけとって、カラーゴムで3〜4cm間隔で結ぼう。片サイド、2〜3本つくってね！

3 反対側も同じように結ぼう
2 と同じように、反対サイドもちょこちょこ結び！　カラーゴムは、なるべくちがう色を使ってカラフルにするとかわいい♥

ポップでヤンチャ！カンタンなのに目立てちゃう★

できあがり♥

ボーイズライクなヘアアレ
ルーズ おだんご

用意するもの
- ヘアゴム 1本
- アメピン 2本
- かざりゴム 1本

ルーズなのが大人っぽくておしゃれなんだよね～♪

1 髪全体をまとめて、耳の上で結ぼう

髪全体を片サイドに寄せ、耳の上あたりで1つにまとめ、ゴムで結ぶよ。

2 ゴムの結び目に毛束を巻きつけよう！

ゴムの結び目に、毛束をクルクル巻きつけよう。すべて巻かずに、あえて毛先は残してね。ピンをさして固定しよう。

3 毛先をルーズに散らしてね！

おだんごにかざりゴムをセットしよう。最後に、毛先を指でほぐして、クシャッと散らしてルーズにしたら完成★

計算づくのルーズでヌケ感を演出するのデス♪

できあがり♥

スポーティーなヘアアレ
みつあみMix ポニーテール

用意するもの
- ヘアゴム3本〜

定番ポニーテールも、ひと工夫するのがおしゃれ！

PART ② センスUP

スタート

1 髪全体をまとめて、後頭部で結ぶよ

少しあごを上げながら、髪全体を後頭部でまとめるよ。おくれ毛が出ないように、きっちり集めてゴムで結ぼう。

2 毛束から髪をとりちびみつあみ！

1の毛束から、少しだけ髪をすくうよ。さらに3束に分け、毛先までみつあみして、ゴムで結ぼう。2〜3本つくってね。

3 みつあみをルーズにほぐして完成！

2のみつあみをふっくら広げるイメージで、あみ目から少しずつ毛を引き出し、ルーズにしよう。つくったみつあみは、すべて引き出してね。

ちびみつあみがキュート！元気でかわいいって最強だね★

できあがり♥

プチツイン おだんご

マリンなヘアアレ

用意するもの
- ヘアゴム 2本
- アメピン 4本

動物の耳みたいで、なんだかかわいいね〜♥

スタート

1 トップの髪を耳の上で結ぶよ
左右それぞれのトップの髪を、耳の上あたりで結ぶよ。左右の高さが同じくらいになっているか、鏡で確認してね。

2 毛束をきつ〜くグルグルとねじろう
毛束を根もとから、きつめにグルグルねじるよ。毛先までねじったら、毛束がくずれないように注意しながら……。

リボンをつけるともっとかわいい♥

3 結び目に巻きつけておだんごにしよう！
2のねじねじを、結び目に巻きつけておだんごをつくり、ピンをさして固定しよう。形をととのえながら丸めると、キレイに仕上がるよ。反対側も同じようにつくってね。

2つのおだんごで気分も急上昇しちゃいそう♪

できあがり♥

114

クールなヘアアレ
逆りんぱハーフアップ

用意するもの
- ヘアゴム 1本

カンタンなのに大人っぽく決まるから、わたしもよくやってるヘアアレなんだよ♪

スタート

1 耳より上の髪を後頭部でまとめよう
耳より上のトップの髪を後頭部で1つにまとめ、ゴムで結ぶよ。このとき、きつく結びすぎず、少しゆるめに結ぶと◎。

2 結び目の上にすき間をつくり、逆りんぱしよう！
結び目の上にすき間をつくり、毛束を下から上に向かって通してね。くるりんぱ（109ページ）とは逆に通すから、「逆りんぱ」！

3 逆りんぱしたところを引っぱってルーズに
最後に、逆りんぱしたあたりの毛を、軽く引っぱってルーズに仕上げよう。こうすることで、ふんわり感が生まれるの♥

大人っぽく決めるならハーフアップを逆りんぱ！

できあがり♥

PART 2 センスUP

115

もっと知りたい！センスUP Q&A

ファッションに関する3つのお悩みにズバッとお答え！

Q1 買いものの失敗が多いの〜！

サイズが合わなかったり、家にある服とうまくコーデできない服を買っちゃったり……。そんな買いものの失敗をなくすには、事前準備をしっかりすることが大切！ 買いものに行く前に、クローゼットをチェックして、手持ちのアイテムを確認しよう。そのうえで、買いたいアイテムと予算を決めれば、失敗しづらくなるよ♪ また、服を買う前に、かならず試着するようにしよう！

Q2 自分に似合う服がイマイチわからない…

自分が着たいと思うテイスト（74ページ）を意識しながら、いろいろな服を試着して、似合う色やデザイン、形の服を見つけていこう。おうちの人や友だちの意見を聞くのもおすすめだよ♪

Q3 もっとセンスを高めるコツを教えて!!

「おしゃれノート」をつくってみよう！ 雑誌などを見て、気に入ったコーデがあったら、切り取ってペタペタ貼るだけでOK。自分の好みが見えてくるし、ながめるだけでコーデ力がUPするの♪

PART3

日々のケアでもっと美しく

ビューティUP↑↑レッスン♡

毎日のケアで、肌もボディもつるピカにしちゃおう★ 基本的なスキンケアやヘアケアのほか、ネイルアートやメイクなど、あこがれのテクニックもこっそり教えるよ♥

ビューティUP（アップ）の5つの合言葉（あいことば）

毎日（まいにち）やるケアだからこそ、正（ただ）しいやり方（かた）を身（み）につけることが大切（たいせつ）なんだって！

合言葉（あいことば）1
スキンケアで
うるつや肌（はだ）をゲット！
→ 120ページ

合言葉（あいことば）2
ヘアケアで
髪（かみ）をサラつやに！
→ 130ページ

肌（はだ）も、髪（かみ）も、ボディも…！ 全身（ぜんしん）をキレイにしちゃおう♥

合言葉（あいことば）3
ボディケアで
全身（ぜんしん）をつるピカに！
→ 136ページ

合言葉（あいことば）4
ネイルケア&アートで
指先（ゆびさき）までキレイに！
→ 140ページ

合言葉（あいことば）5
特別（とくべつ）な日（ひ）は
プチメイクでキュートに♥
→ 150ページ

あこがれのネイルやメイクだ〜!! ワクワク♪

PART 3 ビューティUP

合言葉 1
スキンケアで うるつや肌をゲット！

ケア① 正しい洗顔で肌をピカピカに！

まずは洗顔からレクチャーしていくよ。毎日やるケアだからこそ、正しく洗わないと肌がダメージを受けちゃうの。正しいやり方をおさらいしましょ♪

用意するもの
- ターバン
- 洗顔料
- タオル

1

洗顔料を泡立てよう

髪がじゃまにならないように、おでこを出してターバンなどでまとめよう。顔と手のひらをぬるま湯でぬらしたら、洗顔料や石けんを手にとって、ふわふわになるまで泡立ててね！

2

泡を顔全体に広げよう

顔全体に泡を広げていくよ。強くこすると肌にダメージを与えちゃうから、泡のクッションで顔全体をやさしく包みこむイメージで洗おう。

デイリーケアはこの3つが大事！

ケア1 洗顔

ほこりや汗、皮脂などを洗い流すよ。朝夕2回行うのがベスト！

ケア2 保湿

洗顔のあとは、化粧水と乳液をぬって、肌のうるおいをキープしよう。

ケア3 UVケア

紫外線から肌を守るために、お出かけ前に日焼け止めをぬろう！

PART 3 ビューティUP

3 ほおから順に洗おう

ほおから、円をえがくイメージで洗っていこう。おでこや鼻、あご、目のまわりなどはとくに念入りに。指のはらで泡を転がすようにして洗うとGOOD！

4 ぬるま湯ですすごう

顔全体を洗い終えたら、ぬるま湯で10回以上すすいでね。最後に、右手で左ほお、左手で右ほおをすすぐ「クロス洗い」をすると洗い残しが防げるよ。

5 タオルでやさしく拭こう

清潔なタオルで顔の水分を拭き取ろう。ゴシゴシこするのはNG！肌に刺激を与えないように、やさしくおさえるようにして拭いてね。

121

ケア② 保湿して肌をしっとりさせよう!

次は保湿ね！ 化粧水や乳液を使ってきちんと保湿することで、肌がしっとり＆うるうるになるの♥ 毎日の習慣にしよう！

用意するもの
化粧水＆乳液
ターバン

1
化粧水を顔全体に広げよう
まずは顔全体に化粧水をなじませるよ。そのあと、ほお→おでこ→鼻→口→目もとの順に、外側に向かってぬり広げていってね。乾燥しやすい小鼻やフェイスラインも忘れずに！

2
首にもぬり広げよう
化粧水は顔だけでなく、首までぬっていくよ。化粧水を手に取ったら、親指以外の4本の指でフェイスラインから首のつけ根に向かってぬり広げよう。

122

3 手のひらで顔をプッシュ！

仕上げに、両手で顔を包みこんでプッシュすると、化粧水が肌に浸透するよ！顔全体がまんべんなくうるおうように、足りないところは重ねづけしてね。

PART ③ ビューティUP

4 乳液も同じように ぬっていくよ

乳液には肌にうるおいをとじこめる働きがあるよ。手のひらにとった乳液を、1～3の手順で同様にぬり広げてね。

自分の肌に合った アイテムを選ぼう！

スキンケアのグッズには、乾燥肌用や敏感肌用など、さまざまなタイプのものがあるよ。自分の肌の状態に合ったアイテムを選ぶようにしよう！

ケア3 UVケアで日焼けを予防!

どうしてUVケアが必要なの?

太陽光線にふくまれる「紫外線」は、乾燥やニキビなど、さまざまな肌トラブルの原因になるよ。紫外線は目に見えないから、気づかないうちにうっかり日焼けしていた……なんてことも! 何年たってもキレイな肌をキープするために、毎日日焼け止めをぬってUVケアをしよう★

晴れの日以外も注意!

夏以外の季節やくもりの日も、紫外線は降りそそいでいるよ。カーテンをすり抜けて部屋に入ってくることもあるから、室内でも油断しないでね。

日焼け止め選びのポイント

日焼け止めの強さを表す「SPF」と「PA」。数値が高いものほど紫外線をカットできるけど、その分肌への負担も大きくなるよ。目的や時間に合わせて使い分けよう。

SPF
肌が赤くなる原因になる、紫外線B波をカットする力。SPF1につき、効果が約15〜20分続くよ!

PA
大人になったときにシミやシワの原因となる、紫外線A波をカットする力。+の数が多いほど効果があるの。

🍀 日焼け止め選びのめやす

	登下校	屋外で遊ぶ	日差しが強い日
SPF	10〜20	20〜30	30〜50+
PA	+〜++	++〜+++	+++〜++++

今度、ママとドラッグストアに行ってみよ〜っと!

日焼け止めのぬり方

フェイス

日焼け止めを直径5ミリくらい手に取り、両ほお、おでこ、鼻、あごの5か所にのせよう。内→外、外→内と指を往復させながら、白っぽさがなくなるまで全体にぬり広げてね。

ボディ

1本の線を引くように、肩から指先まで、日焼け止めをのせよう。次に、手のひらを矢印のように動かして往復させながらぬり広げていくよ。足や首なども同様にぬってね！

PART ③ ビューティUP

うっかり日焼けしちゃったら？

日焼けした肌は、やけどと同じ状態だから、まずは冷やすことが大切だよ！氷水で冷やしたタオルで、日焼けしたところをやさしくおさえよう。熱が引いたら普段どおりのスキンケアをしてOKだけど、いつもよりも肌が敏感になっているから、やさしくケアしてね！

うっかり日焼けをしちゃっても、1日くらいならきちんと対処すれば大丈夫だよ！

お悩み解決レスキュー！

肌トラブルで悩みがいっぱいの子、必見！
よくある肌のお悩みを、ズバッと解決するよ★

ニキビができやすい

どうしてニキビができるの？

ニキビの原因は、おもに毛穴の奥でつくられる「皮脂」。思春期は、とくに皮脂の分泌量が多く、本来毛穴から外に出るはずの皮脂が毛穴をふさいでしまうこともしばしば。すると、ふさがった毛穴にゴミや菌が入って炎症が起き、赤くはれたりしてニキビになってしまうんだよ。

ニキビ予防のポイント

肌を清潔に保とう
毎日欠かさず洗顔し、余計な皮脂を洗い流そう。乾燥しすぎもよくないから、洗顔後は保湿も忘れずに！

規則正しく生活しよう
寝不足やストレスもニキビの原因になるよ。早寝早起きを心がけて、心も体もゆっくり休ませてあげてね。

栄養バランスのいい食事に！
野菜やくだもの、豚肉などに含まれる栄養素は、ニキビ予防に効果的だよ！ 脂っこいものやスナック菓子はひかえるようにしよう。

ニキビができたら？

ニキビの原因である「アクネ菌」を取りのぞくためにつくられた洗顔料もあるよ。ドラッグストアで探してみよう！

シェイプUP前まではとくに…

肌がテカテカ脂っぽいの

どうして肌がテカテカしちゃうの?

思春期は皮脂の分泌量が多いから、どうしても肌がテカテカしがち。朝と夜の洗顔をきちんとしていれば、気にしすぎなくても大丈夫だよ。ただし、洗顔をしているのにあまりにも脂っぽくなる場合は、食事の内容を見直す必要があるかも!

テカテカ肌の原因

- 朝と夜に洗顔をしていない
- スナック菓子などを食べすぎている
- 必要以上に洗顔している

PART ③ ビューティUP

テカテカ予防のポイント

保湿アイテムはさっぱりタイプに!

肌が脂っぽいときも、保湿は欠かさずにしてね。ベタベタしすぎない「さっぱり」タイプの化粧水がおすすめ!

正しい洗顔で汚れを落とそう

朝と夜の洗顔は念入りに!顔に汚れや皮脂が残っていると、テカテカ肌の原因になってしまうよ。

脂っこいものはひかえて

スナック菓子や揚げ物など、脂っこいものを食べすぎると皮脂の量も増えてしまうの。野菜などを意識して食べるようにしよう!

顔の洗いすぎは逆効果に!

皮脂の量が気になるからといって、必要以上に洗顔するのはNG。必要な皮脂まで落としてしまうと、肌は油分が足りないと思って、余計に皮脂をつくってしまうようになるよ。

顔のテカテカをおさえたくて、1日に何度も洗顔してた〜!洗いすぎは逆効果になっちゃうんだね。

肌がカサカサ乾燥しちゃう

肌が乾燥するのはどうして？

肌が乾燥するのは、うるおいが足りていないから。保湿不足や、日焼け、おもに秋〜冬の湿度の低下などが原因になるよ。改善するには、毎日しっかり保湿して、肌のうるおいをキープするのがいちばん。空気が乾燥する冬や、紫外線が強い夏は、とくに念入りにケアしてね！

> 乾燥しがちな子は、保湿力が高い「しっとり」タイプの化粧水＆乳液を選ぶのもおすすめ！

全身保湿で乾燥知らずに☆

乾燥によるカサカサは、ボディも例外ではないよ。お風呂あがりに全身をくまなく保湿して、うるおいをとじこめよう。とくに、ひじやくちびるは乾燥するポイントだから、念入りにケアをしてね！

おすすめケアアイテム

リップクリーム
くちびるの乾燥を防いでくれるよ。とくに冬は、こまめにぬるようにしよう。

ボディミルク
乳液のようにしっとりしていて、全身にぬってもベタベタしすぎないのがうれしい！

小鼻に黒いポツポツが…

黒いポツポツができるのはどうして？

毛穴につまった皮脂が汚れとまざり、黒くなってしまっているのが原因だよ。お風呂につかって血行をよくしてから、たっぷりの泡でやさしく洗顔しよう。洗顔のあとは、保湿も忘れずに！

汚れがひどいときは、毛穴パックを使ってもOK。ただし、使いすぎは肌をキズつける原因になるから、2週間〜1か月に1回くらいにしてね。

> 毛穴パックはキレイに黒すみが取れるから、つい何度もやりたくなるけど、肌にダメージを与えちゃうの。

クマができて顔色が悪い！

どうしてクマができるの？

寝不足などで顔の血行が悪くなると、目の下が黒っぽくなってしまうよ。ジェルやクリームで目のまわりをやさしくマッサージしたり、お風呂につかって血のめぐりをよくするのがおすすめ！

3本の指で目の下をやさしくプッシュし、目のまわりの血行をよくしよう。肌をキズつけないように、かならずクリームをつけながらマッサージしてね！

> 何よりも、きちんと睡眠をとることが大事なんだって！　規則正しい生活を心がけよう♪

PART 3 ビューティUP

合言葉2
ヘアケアで髪をサラつやに！

ケア① 正しく髪を洗って清潔に！

洗顔と同じで、毎日のケアだからこそきちんとしたやり方を学ぶことが大事なんだね！　ヘアケアレが決まる、キレイな髪をGETするためにがんばろ〜っ！

用意するもの
- シャンプー
- コンディショナー（リンス）

1 シャンプーの前に軽くブラッシング

目が粗いブラシやコームで、髪全体を軽くとかし、もつれをほどいてね。髪が絡まった状態でシャンプーしてしまうと、ダメージの原因になるから気をつけて！

2 ぬるま湯で髪全体をぬらそう

シャンプーの前に、髪と頭皮をぬるま湯でしっかりぬらしてね！　事前にぬるま湯できちんと予洗いすることで、シャンプーの泡立ちがよくなるよ。

デイリーケアはこの3つが大事！

ケア1 髪を洗う
髪や頭皮の汚れを落とすために不可欠！頭皮がキレイになると、髪も健康に♪

ケア2 ドライ
髪をぬれたままにすると、寝ぐせやダメージなどの原因になってしまうよ。ドライヤーでかわかそう。

ケア3 ブラッシング
ブラッシング＝髪をブラシでとかすこと。髪のつやをキープできるよ。

PART 3 ビューティUP

3 たっぷりの泡で洗おう

シャンプーを手のひらで軽く泡立てたら、指のはらをつかって頭皮全体を洗ってね。生えぎわやえりあし、耳の後ろなどの皮脂がたまりやすい場所も念入りに洗ったら、ぬるぬるしなくなるまでしっかり洗い流そう！

4 コンディショナーをつけよう

髪の水分を軽く切ってからコンディショナーをつけるよ。いたみやすい毛先を中心になじませてね。最後は手ぐしで髪をととのえるようにしながら、しっかりと洗い流そう。

5 タオルで水気を拭き取ろう

タオルで髪をはさみ、両手で包みこむイメージで水分を取りのぞこう。ゴシゴシこすっちゃうと髪をキズつけてしまうから、やさしく拭き取ってね。

131

ケア② ぬれた髪はきちんとドライを

今までテキトーにドライヤーをかけちゃってたなぁ……。正しいやり方でかけることで、毛先がまとまってキレイに仕上がるんだって！

用意するもの
ドライヤー
タオル

1

タオルで水気を拭き取ったら…

ドライヤーの前に、髪の水分をタオルで拭き取ってね。びしょぬれのままドライヤーを当ててしまうと、髪の毛が絡まりやすくなっちゃうよ。

2

髪の根もとからドライヤーを当てよう

髪の根もとから毛先に向かってかわかしていくよ。まずは、頭頂部から前髪までドライヤーを当ててね。指を左右に動かしながら温風を当てると、より早くかわくよ！

3
耳より後ろ側をかわかそう

次は頭頂部付近の、耳より後ろの毛をかわかすよ。つむじの右側の髪を手に取り、つむじにかぶせるように指を通していってね。髪の根もとを起こすイメージで風を当てるとGOOD！ つむじの左側も同様にかわかそう。

毛の流れをととのえて 毛先までかわかそう
4

根もとがかわいたら、次は毛先までかわかしていくよ。サイドの毛を手ぐしですきながら、まんべんなくかわかしてね！

5
耳より後ろの毛をかわかし、 最後に冷風を当てよう

後頭部は内側から指を入れてかわかすよ。髪全体が完全にかわいたら、最後に冷風を当てよう。髪は冷えていくときにクセがつくから、最後に熱を冷ますことで、キレイなスタイルをキープできるんだ！

ケア❸ ブラッシングでサラサラヘアに!

朝起きたら、髪をブラシでとかそう！ 髪の流れがととのうし、頭皮のマッサージにもなるの。サラサラヘアをGETするために必要だよ★

用意するもの
ブラシ

1 手ぐしで髪全体を軽くほぐそう

いきなりブラシを通すと毛先が絡まってしまうことも！ まずは手ぐしで髪全体を軽くほぐしておこう。

毛先から少しずつブラシをかけよう 2

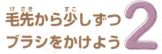

まずは毛先をとかして、髪の絡まりをしっかりほぐしてね。髪の毛の束を少しずつ手に取ってとかすのがおすすめ！

3 髪全体をブラシでとかそう

髪の根もとから毛先に向かって、全体をていねいにとかそう。後頭部や前髪、えりあしなどの絡まりやすい部分は、とくに念入りに！

ヘアグッズをチェック！

トリートメント
髪のダメージをケアするためのアイテム。髪の栄養や油分を補って、髪を健康な状態にととのえてくれるよ。

> わぁー、こんなにあるんだね〜!! 全部ほしくなっちゃう！

寝ぐせ直し剤
寝ぐせがなおらないときの強い味方。寝ぐせに直接かけられるように、スプレータイプになっているものがほとんどだよ。

ヘアケアドライヤー
ドライヤーの中には、髪の水分を守りながらかわかせるタイプのものもあるよ！ 毎日使うからこそ、ヘアケアができるドライヤーがおすすめ♪

PART ③ ビューティUP

寝ぐせは根もとから直そう

寝ぐせは髪の根もとからついている場合が多いんだ。水や寝ぐせなおし剤で根もとをぬらしてから、ドライヤーでかわかし直してね！ クセがついた部分をまっすぐに伸ばしながらドライヤーをかけるとGOOD★

> ショートヘアのほうが、寝ぐせがつきやすいんだよね〜。今度からはちゃんと直せそう！

合言葉3
ボディケアで全身をつるピカに！

ケア① お風呂で体を清潔に保とう

毎日湯ぶねにつかってつかれ知らずに♪

体をキレイにすることはもちろん、それ以外にもお風呂に入る効果はいろいろ！ 全身の血行がよくなってつかれがしっかりとれるし、毛穴が開いて体の汚れもよりキレイに落とせるようになるの！ なるべくシャワーだけですませず、毎日湯ぶねにつかるようにしてね。

バスタイムのポイント

温度はややぬるめに
38〜40℃くらいの、ちょっとぬるめのお湯に15分ほどつかるのがベスト。お湯が熱すぎると、体に負担をかけてしまうよ。

ゆっくり深呼吸しよう
お風呂につかったら、目を閉じてゆっくり深呼吸してみよう。楽な姿勢でリラックスしながら呼吸するのがコツ！

水分補給をしっかりと
お風呂では思った以上に汗をかくもの。入浴後はしっかり水分をとってね。お風呂に入る前にコップ1杯の水を飲むのも◎！

食後30分以降がオススメ
食事のあとすぐにお風呂に入ると、胃に負担がかかってしまうよ。湯ぶねでのんびりできるよう、食後は30分くらい時間をおくようにしてね。

入浴剤でリラックスしよう
お風呂の中ではくつろぐことが大切だよ！ お気に入りの香りの入浴剤を入れてリラックス効果を高めよう♪

ボディケアはこの3つが大事！

ケア① お風呂

体を清潔にするのはボディケアの基本！毎日きちんと体を洗ってね。

ケア② デオドラント

イヤなにおいはまわりを不快にさせちゃうことも！においケアを徹底しよう。

ケア③ むだ毛処理

むだ毛のケアはレディのたしなみ！正しい処理のしかたをマスターしてね♪

PART 3 ビューティUP

チェック！ 体を洗うときのポイント

体を洗うときも、洗い方は洗顔と同じ。ボディソープや石けんをしっかり泡立てて洗い、ていねいにお湯で流してね。ゴシゴシこすると肌にダメージを与えちゃうよ！

洗う場所ごとに最適な洗い方があるよ

体の部位によって、汚れやすい場所とそうでもない場所があるよ。たとえば皮脂がたくさん出る場所や、皮膚の表面にできる「角質」がたまりやすい場所は、汚れやすいところ。また、汗をかきやすい場所は、においや皮脂の原因になるから、ていねいに洗うようにしよう。

126ページで紹介した「皮脂」は、顔だけじゃなくて体にもあるの！皮脂が出やすいところは、汚れやすいところでもあるんだよ。

胸、わき、背中
体の中で皮脂腺が多く、とくに汗をかきやすい場所だよ。汗が残るとにおいの原因にもなるので念入りに！

かかと、ひじ、ひざ
角質がたまりやすい場所だよ。やわらかい素材のボディタオルなどを使って、こまめに洗おう♪

137

ケア② イヤなにおいはデオドラントケア！

自分のにおいって気になるよね〜。正しいケアをマスターすれば、「わたし、くさくないかな？」なんて不安ともバイバイできるよ！　それに、毎日お風呂に入っているなら、あまり気にしすぎなくても大丈夫なんだって♪

こんなにおいに注意

☐ 汗のにおい
汗をかいたまま放置すると、菌がふえてイヤなにおいになってしまうよ！こまめに拭くようにしてね。

☐ 足のにおい
くつの中はむれやすく、におい菌が繁殖しやすいよ。こまめに消臭したり、くつ下をはきかえよう。

☐ わきのにおい
体の中でもとくに汗をかきやすい場所。こまめに汗を拭き取って、つねに清潔にしておこう。

☐ 口のにおい
食事のあとは歯みがきを徹底しよう。虫歯もにおいの原因になるから、早めに治療したほうが◎！

☐ 頭のにおい
頭皮に汚れや皮脂がたまっているとにおいのもとになってしまうことが！　毎日きちんと洗ってね。

☐ 洋服のにおい
こまめに洗って、清潔な状態にしよう。洗濯後はきちんとかわかして、生がわきのにおいを防いで！

においをケアする制汗剤の種類

スプレータイプ
スプレーすると霧状のパウダーが出て、においを殺菌してくれるタイプだよ。

シートタイプ
直接汗を拭き取るタイプ。汗をかいた直後にさっぱりしたいときにおすすめ！

ウォータータイプ
肌をひんやり冷ましてくれるよ。暑い時期や、肌がほてっているときに最適！

ケア③ むだ毛の処理は安全に！

肌をキズつけないよう気をつけて！

わき毛が生えていたら、カミソリでていねいにそってね。そったあとはクリームをぬって保湿すると、肌をダメージから守ることができるよ。腕や足の毛は生えていても問題ないけれど、気になるようならそってもOK♪ カミソリを使うときは、安全に気をつけよう！

用意するもの

カミソリ
T字になっているものがおすすめ。広い範囲をそれるし、安全に使うことができるよ。

専用クリーム
毛をそる前に肌にぬることで、カミソリのすべりがよくなるよ。

毛のそり方

わき毛

専用のクリームをわき全体にぬったら、毛の生えている向きと同じ方向にそっていくよ。鏡を見ながらそり残しがないか確認したら、クリームを洗い流そう。

腕、足

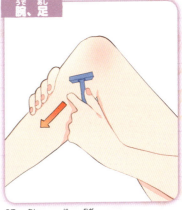

腕や足も、毛の流れにそうように、上から下に向かってカミソリを動かそう。わきの下と同じく、専用のクリームを使ってね。

合言葉4
ネイルケア&アートで指先までキレイに!

おしゃれな子は 指先までキュートだよ♡

指先も意外と目に入ることが多いパーツ。長くのびてボロボロのつめでは、清潔感ゼロ! 相手にだらしない印象を与えないように、指先までケアを徹底しよう。かわいいネイルアートなら、おしゃれ度もグンとアップするよ♪

ネイルケアのポイント

つめが長いと、つめの中に汚れがたまったり、ケガの原因になったりするよ。週に1度は切るようにしよう。つめ切りだけでもととのえられるけど、つめやすりやクリームを使うとさらにキレイに仕上げられるよ♪

用意するもの

つめ切り
↑のような平型タイプがおすすめ。扱いやすく、キレイにカットできるよ。

つめやすり
「エメリーボード」と呼ばれることも。つめの形をととのえるのに便利だよ!

ハンドクリーム
ネイルケアもできるものを選べば、手といっしょにつめの保湿もできるよ♪

指のはら側からみたときに、つめ先が見えてしまっているようなら伸びすぎだよ!

長すぎるつめは、体育のときに折れやすくなったり、友だちと遊んでいるときに相手をキズつけてしまうかも。週に一度はお手入れにしてね!

チャレンジ つめをキレイに切ろう

1 つめの先を切ろう
まずは、つめの長さを決めよう。白い部分を1ミリほど残すのが基本。つめの先を真っすぐ横に切ってね。

> 基本のつめのととのえ方を紹介するよ。やすりもあると、よりキレイに仕上がるんだって。

PART 3 ビューティUP

2 つめの角をとろう
左右のとがった部分を切って角をとるよ。白い部分が少し残るようにしてね。切りすぎて深づめにならないよう注意しよう！

3 やすりで形をととのえて
つめやすりで形をととのえていくよ。やすりは往復させず、つねに一定の方向に動かすようにしてね。つめ切りのウラについているやすりを使ってもOK！

つめみがきでさらにツヤツヤに！

つめをさらにツヤツヤにする、ヒミツのテクニックを教えるよ！ 用意するものは、バッファー（つめみがき）。つめの表面に軽くやすりをかけたあと、バッファーで軽くみがくだけでOK。バッファーは、100円ショップなどでも購入できるよ。みがきすぎに注意！

4 ハンドクリームで保湿を
最後にハンドクリームで保湿するよ。少量のクリームをつめの根もとにつけ、反対の指で全体になじませてね！

チャレンジ ネイルアートでキュートに♥

おしゃれっ子は、つめ先までこだわるもの♥ ネイルアートをする前におうちの人に相談してね。

用意する基本のもの

ベースコート
マニキュアの下地。色がつめにうつらないように、ネイルの前にはかならずぬろう。

マニキュア
つめに色をつけるためのアイテム。お気に入りのカラーを何色かそろえておこう♪

トップコート
透明のマニキュア。仕上げにぬるとツヤが出て、ネイルが長持ちするよ。

除光液
ネイルを落とすときに必要。コットンにしみこませてネイルを拭き取るよ。

アート
つめに貼るかざりのことで、ラインストーンやシールなどさまざまな種類があるよ。

おしゃれなネイルアートにトライしてみよう♥

お休みの日は、コーデに合わせてネイルアートに挑戦してみよう！ 指先が明るくなると、ファッションのワンポイントにもなるし、おしゃれの幅がぐっと広がるよ♪ 基本のマニキュアのぬり方をマスターしたら、144ページから紹介する、上級アートにもチャレンジしてみてね！

ぬるときは…

机にひじと甲をつけて、手をきちんと固定しよう。この状態で指を軽く曲げると、手が安定してぬりやすいよ！

マニキュアを落とすときに使う、コットンも用意してね！

マニキュアのぬり方

1 ベースコートをぬるよ

はけにとったままだとベースコートの量が多いから、ボトルの口に2〜3回筆をあて、よぶんな液を落とすよ。

2 つめの先からぬっていくよ

最初はつめの先からぬってね。こうすることで、ネイルがはがれにくくなって長持ちするよ！

3 真ん中をぬろう

次は、つめの真ん中をぬっていくよ。根もとから先端に向かって、まっすぐぬってね。

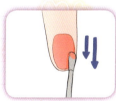

4 両わきをぬっていくよ

両はしも、根もとからつめ先に向かってぬってね。すき間ができないようていねいにぬろう。

5 マニキュアをぬろう

ベースコートがかわいたら、次はマニキュア。同様の手順で、つめの先→真ん中→両はしの順にぬるよ。

6 トップコートをぬろう

マニキュアがかわいたら、最後にトップコートをぬって仕上げを。ぬり方の順番はほかと同じだよ♪

PART 3 ビューティUP

マニキュアを落とすときは？

マニキュアのぬりっぱなしは、つめにダメージを与えてしまうよ。除光液を使ってかならず落とすようにしてね！

1

コットンに除光液をたっぷりしみこませよう。

→

2

つめにのせてしばらくなじませたら、やさしく拭き取って♪

いろいろなネイルアートのやり方

ネイルは、練習するほどうまくなるんだって！いっしょにがんばろう♪

ライン

1 1色目をぬるよ。かわいたら、別の色のマニキュアをハケにとり、角でラインを引くよ。

2 ❶で引いたラインの上から、何度かマニキュアを重ねて、ラインをこくしてね。

3 ❶～❷と同じように、ラインを何本か描いてね。これで、ストライプの完成★

フレンチネイル

1 マスキングテープを用意！1色目をぬるよ。色は白がおすすめ。かわくまで待とう。

2 マステをつめの先に貼って、1色目とは別の色のマニキュアをぬっちゃおう！

3 マステをはがして完成★ マステのおかげで、キレイに2色が分かれるの！

ドット

1 1色目をぬるよ。しっかりかわくまで待ったら、つまようじを用意してね！

2 つまようじのお尻に❶とはちがう色のマニキュアをつけて、つめに垂直に当ててね。

3 ❷をくり返し、ドットをいくつかつくるよ。つめ全体を見ながら、バランスよくね♪

グラデーション

① まずは、マニキュアをつめ全体にぬるよ。重ねてぬるから、うすくぬればOK。

② ①と同じ色を、つめの先から3分の2のところから、先に向かってぬるよ。

③ つめの先にだけ、①と同じ色をもう一度重ねぬり！ キレイなグラデの完成だよ★

パーツアート

① つめにつけたいパーツとピンセットを用意してね。

② つめにマニキュアをぬったら、かわかないうちに①のパーツをのせよう！

③ ②の上から、トップコートをぬるよ。これで、パーツがしっかり固定されるの！

ペイント

① まずは、ベースの色をぬるよ。しっかりかわくまで待ってね。

② 好きな色のペンで、つめに絵をかいてみよう。ペンは、カラーボールペンがかきやすくて◎。

③ ②のインクがかわいたら、上からトップコートをぬってね。ペイントネイルの完成★

PART 3 ビューティUP

今すぐはじめられる基本のネイルアートを6つ紹介したよ〜！意外とカンタンそうって思ったんじゃないかな？ 次のページからは、ここで紹介したテクが応用できる、キュートなネイルアートを大公開★ ぜひチャレンジしてみてね♪

145

モチーフ別
ネイルアートカタログ♥

スイーツやアニマルなど、モチーフ別にかわいすぎるネイルアートを大公開するよ♪

スイーツ

女の子み〜んなが大好きなスイーツは、ネイルのモチーフにぴったり★ 甘くてガーリーなアートになるよ♪

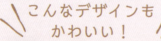

キャンディをモチーフにしたガーリーなネイル♥ ストライプと同じ方法で描けるよ♪

こんなデザインもかわいい！

ミントグリーン×ブラウンで、チョコミント風！ ラインストーンがポイントだよ★

かき氷風ネイル！ 白とオレンジでグラデをつくり、ラメ入りトップコートをぬろう♪

コーデに合わせてネイルアートを考えると、もっとおしゃれになれちゃうんだよ♪ スイーツやフラワーのモチーフならガーリーなコーデにしてみたり、マリンコーデにマリンネイルを合わせたりしてみてね♥

フラワー

春を感じさせるフラワーモチーフ♥
ガーリーなコーデにも、大人っぽい
コーデにもぴったりマッチするよ♪

こんなデザインもかわいい！

白をベースに、カラーペンで花を描こう！青むらさきで、大人っぽいイメージに……♥

つめ先だけピンク色のフレンチネイル。つなぎめにラインストーンをのせておしゃれに！

100円ショップで売っているドライフラワーシールを使えば、カンタンにできるよ♪

アニマル

ポップな印象に仕上がるアニマルモチーフのネイル！好きな動物をつめ先にしのばせれば、気分もハッピーになれそうだね★

こんなデザインもかわいい！

フレンチネイルの要領で、あらかじめマステをネコの耳型に切ると、カンタンにできるよ。

赤×白のバイカラーがベース。黒のボールペンでダルメシアン柄を描き、金のラインで大人っぽく！

王道のレオパード柄！ボールペンで柄をひとつずつ描くよ。黒のポンポンでもっとおしゃれに。

PART ③ ビューティUP

147

マリン

夏のテッパンモチーフといえば、マリン！
トリコロールにするだけでも、グッと
夏っぽくなるから、ぜひ挑戦してみてね！

こんなデザインも かわいい！

水色×青のグラデーションに、貝殻シールを貼ろう！ さわやかな海のようなネイルに★

つめ先にななめストライプを、つけ根にパールをセット。春マリンなネイルになったよ！

ボーダーやドットは、144ページで紹介した方法を応用！ いかりマークは赤のボールペンで描いて。

フルーツ

ポップ＆キュートなフルーツモチーフ♥ 季節のフルーツをチョイスするのがおすすめだよ。パキッとした色で描いてみよう！

こんなデザインも かわいい！

黄緑をベースに、レモンのシールを貼ったフレッシュなネイル。夏にぴったりだね！

さくらんぼを描いたつめは、透明のマニキュアで、あえてシンプルにするのがポイント！

いちごに練乳をかけたような、甘〜いフンイキのネイルだよ♥ ピンクはビビッドな色がGOOD！

ハロウィーン

日本でも、ハロウィーンは定番行事になっているよね！ コスプレに合わせて、つめも思いっきりはじけたアートにしちゃおう★

> こんなデザインも
> かわいい！

黒×むらさきグラデの、大人っぽいネイル。ラメ入りトップコートで、指先をキラキラに！

レースシールは、100円ショップでも購入可。黒のボールペンで×をつなげて、あみあげ風に！

ジャック・オー・ランタンとお化けモチーフの、定番ハロウィーンネイルだよ★

PART 3 ビューティUP

クリスマス

1年のお楽しみ、クリスマスモチーフのネイルだよ♪ 星やプレゼント風にすると、胸がときめくキュートなアートになるね♪

> こんなデザインも
> かわいい！

ゴールドのラメ入りマニキュアをベースにぬって、赤のペンでリボンを描けば、プレゼント風に♪

赤と黒、白で描いた、タータンチェックが冬っぽい！ つけ根にはラインストーンをON。

赤×緑×白の配色に、ゴールドのラインとストーンがおしゃれ。親指は、ホログラムを組み合わせてツリーに！

149

合言葉5
特別な日は プチメイクでキュートに♥

おでかけのときは、メイクをすると気分が上昇♪♪

大人みたいなキュートなメイクってあこがれちゃうよね♥ 特別なおでかけの日など、いつもとちょっとちがう、背伸びした自分になりたい日は、プチメイクに挑戦してみよう♪ メイクでかわいくなると、フシギと気持ちも明るくなるんだよ。ただし、チャレンジする前に、かならずおうちの人に相談してね！

肌に負担をかけないようにして！

肌をゴシゴシこすったり、むやみに力を入れながらメイクしたりすると、肌がダメージを負ってしまうよ。また、メイクはきちんと落とさないと、ニキビやシミ、シワの原因に……。正しい知識をもってメイクに挑戦してね！

メイク落としのやり方は、162ページで紹介しているよ！

チェック！ プチメイクは5ステップ！

メイクは次の5ステップ！ 全部やってもいいし、⑤のリップだけなど、ひとつだけ取り入れてもOKだよ♪

ステップ①
ベースメイク

肌をととのえるためのプロセスだよ。でも、10代のうちはファンデーションはしなくてもいいかも。UVケアできる下地を用意してね！

ステップ②
まゆをととのえる

まゆ毛を少し変えるだけで、顔の印象はグッと変わるもの！ ムダな毛をカットしたり、コームでとかしたりするだけで、きちんと感が出るよ。

ステップ③
マスカラをぬる

まつ毛にマスカラをぬると、目のりんかくがはっきりして、顔がキリッとはなやかになるの♥ ビューラーを使うとよりキュートに！

アイメイクでもっとはなやかに♥

アイシャドウやアイラインを使うと、より印象が変わるよ♪ でも、目のまわりは正しいやり方でメイクしないと、負担が大きいの……。かならずおうちの人に相談しよう！

アイメイクを取り入れたメイクは、156ページから大紹介♪

ステップ④
チークをつける

チークは、日本語で「ほおべに」のこと！ チークをぬってほんのり色づいたほおは、健康的でキュートな印象になるんだよ♥

ステップ⑤
リップをぬる

色つきのリップやグロスで、ぷるるんとしたくちびるをGETしよう！ くちびるが色づいていると、よりはなやか顔になれるよ♪

PART ③ ビューティUP

チャレンジ ナチュラルメイクのやり方

基本的なメイクのやり方をいっしょに勉強しよう〜！
ナチュラルなかわいさが大切なんだって♪

ステップ① ベースメイクで肌をととのえよう！

下地にもなる日焼け止めと、ベビーパウダーを用意しよう！ベビーパウダーを肌にのせることで、テカリをおさえて、サラサラにしてくれる効果が期待できるんだって♪

用意するもの

日焼け止め
下地としても使えるものを用意してね。

ベビーパウダー
赤ちゃんの肌にも使えるから、安心♪

1 日焼け止め（下地）を顔全体にぬり広げよう

日焼け止め（下地）を、顔全体にぬり広げるよ。ぬり方は、125ページを参考にして。ぬり残しがないように、髪の生えぎわやあごまで、くまなくぬってね！

2 ベビーパウダーを上からON！

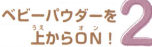

ベビーパウダーをパフに取り、顔全体にパタパタとのせていくよ。こうすることで、サラッとした肌になるの！

ステップ2 まゆをととのえてみよう

理想のまゆの形

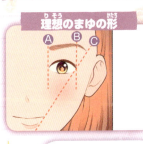

まずは、まゆの形を決めることからスタート。鏡を見ながら、自分のまゆを確認してね。理想のまゆは、目頭から真っすぐ上に伸ばしたⒶのラインより、約5mm内側に「まゆ頭」が、目じりから真っすぐ上に伸ばしたⒷのラインと、くちびるのはしと目じりをつないだⒸのラインの間に「まゆ尻」がくる形だといわれているよ。

用意するもの

アイブロウ
まゆ毛を描く専用のペン。コームつきが便利！

専用のはさみ
まゆ毛をカットしやすい形のはさみだよ。

かがみ
かがみは、メイク中の必需品。自立するタイプのものを用意しよう！

PART 3 ビューティUP

1 まゆ毛をコームでとかそう

アイブロウのお尻側についているコーム（くし）でまゆをとかし、毛の流れをととのえよう。

2 まずはまゆ頭を描くよ

まゆの真ん中からまゆ頭に向かって、アイブロウでまゆを描くよ。毛の間を埋めるイメージで描いてね！

3 まゆ尻を描いていこう

今度は、まゆの真ん中からまゆ尻に向かって描くよ。まゆ頭側より薄めに描くとGOOD。

4 余分な毛はカットしよう

もう一度コームでまゆをとかし、なじませよう。最後に、はみ出た余分な毛をカットすれば完成！

153

ステップ❸ マスカラをぬってまつ毛を長〜く

マスカラをぬる前に、ビューラーを使ってまつ毛をカールさせよう！力を入れすぎるとまつ毛が抜けちゃうから気をつけなきゃ……！

透明なマスカラだと、より自然な仕上がりになるよ♪

用意するもの

マスカラ
黒か茶色のものを選ぶと、ナチュラルに♪

ビューラー
まつ毛をカールするためのアイテムだよ。

かがみ

1 ビューラーでつけ根をはさんで…

目を軽く伏せ、ビューラーでまつ毛のつけ根をはさんでグッとにぎってね。

2 手首を返してまつ毛をカールさせよう

手首を返しながら、ビューラーを、まつ毛の根もと→真ん中→毛先へと移動させよう！

3 今度はマスカラをつけ根において…

マスカラのブラシに液をつけたら、ブラシをまつ毛のつけ根にセットしてね。

4 毛先に向かってマスカラをぬろう

ブラシを小きざみに左右にゆらしながら、毛先に向かってマスカラをぬっていくよ。

ステップ4 チークでほんのり色づいたほおに♥

チークの色は、大きくピンク系とオレンジ系があるよ。似合う色を選べばOKだけど、迷ったら色白の子はピンク系、健康的な小麦色の子はオレンジ系にしてみてね♪

用意するもの

チーク ブラシつきのパウダータイプが使いやすいよ。

かがみ

1 チークを入れる位置を確認しよう

チークを入れる位置を確認。口角を上げたときに、いちばん高くなる位置を覚えたら……。

2 まあるくチークを広げよう

1の位置を中心に、まあるく円を描くイメージでふんわりとチークをぬり広げよう。

ステップ5 リップでぷるるんくちびるに！

リップは、薬用リップと色つきリップを用意するのがおすすめなの。そうすると、保湿をしながら、ほんのり色をつけられるのよ♥

用意するもの

薬用リップ くちびるを保湿するために必要なアイテム。

色つきリップ ピンク、赤、オレンジなど、好きな色を用意。

かがみ

1

まずは薬用リップからぬっていくよ

くちびる全体に、薬用リップをぬってね。このあとにぬる、色つきリップがなじむの！

2

色つきリップをぬっていこう

色つきリップをぬるよ。最後に上下のくちびるをすり合わせてなじませてね♪

155

なりたい自分に近づく♥
ヘア＆メイクカタログ

アイメイクを取り入れた、より「なりたい自分」に近づくためのヘア＆メイクをレクチャー♪ ナチュラルメイクのアイテムのほかに、各ページで紹介するアイテムを追加で用意してね。

キュート＆ナチュラル！
ふんわりガーリー

ブラウン系のアイシャドウと色つきのグロスを使った、ガーリーなメイクだよ♥ ピンだけでできるねこ耳ポンパで、よりかわいく変身しちゃおう★

これを追加で用意しよう！

アメピン 2〜4本あればOK。色は、髪色に近い黒か茶色で。

アイシャドウ ブラウン系の色が3色入ったものを用意して。

グロス リップよりくちびるがプルプルになるよ。ピンク系を用意して。

ヘアアレのやり方

1 トップの毛をとり、ねじねじ…

前髪以外のトップの毛をとり、2束に分けるよ。1束めを1回ねじって前へスライドさせ、根もとをふくらませよう。

2 後頭部側でアメピンでとめよう！

1を後頭部にまわし、毛先のほうにアメピンを1〜2本さして固定するよ。もう1束も同じように！

ふんわりガーリーメイクのやり方

> ベースメイク、まゆ、マスカラ、チークは、ナチュラルメイクと同じでOK！

1 ブラウン系アイシャドウの中間色からぬっていくよ

3色あるうち、2番目に濃い色をチップにとり、イラストのように上下のまぶたにのせて。黒目の上が、少し高くなるように！

2 濃い色を目のキワに、明るい色を下まぶたにON

いちばん濃い色をチップにとり、上まぶたのキワと、下まぶたのキワに入れるよ。次に、いちばん明るい色を涙袋にON！

3 まずはリップをくちびるにのせて…

まずは、155ページと同じやり方で、薬用リップと色つきリップをくちびるにのせたら……。

4 くちびるの真ん中にグロスをのせよう

くちびるの真ん中にだけ、グロスをぬるよ。こうすると、立体的なくちびるになるの！

ポップでおしゃれな はなやカラフル☆

色つきのアイライナーとマスカラを使った、はなやかでポップなメイクだよ♪ いろいろな組み合わせをためしてみてね。ヘアアレは、ポップなおだんごがマッチ！

これを追加で用意しよう！

カラフルピン
いろいろな色を用意すると、よりポップなフンイキに♪

カラーアイライナー
まぶたのキワに入れることで、目のりんかくがはっきりするよ！

カラーマスカラ
アイライナーの色に合うマスカラを用意しよう！

ヘアアレのやり方

1 ゴムで、ルーズにおだんごをつくるよ
トップの毛をとって、トップに2つ、小さなおだんごをつくるよ。ルーズなほうがかわいい！

カラフルピンをたくさんつけよう！ 2
バランスを見ながら、カラフルピンをおだんごの下あたりにたくさんつけちゃおう★

はなやカラフルメイクのやり方

> ベースメイク、まゆ、チーク、リップはナチュラルメイクと同じでOK！

1 カラーアイライナーを まぶたのキワに入れるよ

カラーアイライナーを用意。上まぶたのキワと、下まぶたの目じり側あたりに、細く線を引くイメージで、色を入れていくよ。

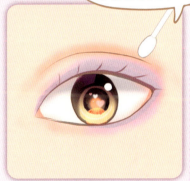

2 めんぼうを使って 線をぼかそう

めんぼうを用意して、1のアイライナーをぼかしていくよ。このイラストを参考に、じょうずにととのえよう！

3 カラーマスカラを ぬるよ！

カラーマスカラを、まつ毛にぬろう。ここでは、パープルのライナーにグリーンのマスカラで、ガーリーポップな配色に♥

4 いろいろな 組み合わせをためそう！

メイク自体は3で完成★　ほかにも、ピンク×ブラウンや、グリーン×ネイビーなど、いろいろな配色に挑戦してみてね♪

PART 3 ビューティUP

じんわり血色系♥ 大人セクシー

血色メイクは、まるでお風呂あがりのように血のめぐりがよく見える、健康的でちょっぴりセクシーなメイクのこと！ 最近、大人の間でも人気のメイクだよ♪

これを追加で用意しよう！

シリコンゴム
シリコン樹脂でできたゴムのことだよ。

アメピン
1～2本あればOK！

クリームチーク
色づきがいい、クリームタイプのチーク。

キラキラシャドウ
キラキラはなやかな、ラメ入りアイシャドウ。

ヘアアレのやり方

1 トップから毛先まであみこむよ

トップの毛を7：3に分け、7のほうをみつあみしていくよ。毛先まであんだら、シリコンゴムで結ぼう。

髪全体をサイドに寄せ、ねじってピンで止めるよ 2

1以外の髪を片サイドに寄せたら、2回ほどねじるよ。ねじったところをピンで止めて固定してね。

大人セクシーメイクのやり方

> ベースメイク、まゆ、マスカラ、リップはナチュラルメイクと同じでOK！

1 クリームチークを ほおにのせるよ

クリームチークを用意。黒目の下あたりに、指でポンポンと、小さな丸を描くイメージでのせてね。

2 パウダーチークを ブラシでのせよう

今度はパウダータイプのチークを用意！1よりひと回り大きい円になるように、ブラシでのせていこう。

3 キラキラシャドウを まぶたにのせよう

ラメ入りのアイシャドウを目頭、涙袋、上まぶたの中心あたりに、指でのせていくよ。

4 さらにキラキラシャドウを 顔にのせていこう！

イラストの●の位置に、キラキラシャドウを少しずつのせていってね。こうすると顔が立体的に見え、メリハリができるの！

PART 3 ビューティUP

161

チェック！
メイクはきちんと落とそう

メイクをしたら、かならずその日のうちに落とさないとダメ！ 肌に負担がかかって、荒れちゃう原因になるよ。

用意するもの
メイク落とし
オイルやクリームなど、種類はいろいろ。自分の肌に合うものを選んでね。

コットン　　めんぼう　　ターバン

1 メイク落としを顔全体に広げよう

メイク落としを手に取り、メイクをしたところにぬり広げていくよ。指でくるくるとなじませてね。

2 マスカラはていねいに落とそう！

マスカラは落ちにくいから、コットンとめんぼうを使って落とすよ。コットンをまつ毛の下に当て、メイク落としをつけためんぼうで、なでるようにマスカラを拭こう。

3 ぬるま湯でしっかりすすごう

ぬるま湯で、メイク落としを洗い流そう。このあとは、いつも通りに洗顔すればOKだよ（120ページ）。

PART4

内面をみがけばもっとキレイに★

女子力UP↑↑レッスン♡

見た目だけピカピカにしても、キラキラガールにはほど遠い……!? 友だちにも、大人にも「ステキな子だな」って思われる、マナーやふるまいを身につけよう！

人気者まちがいなしっ！
愛されガール×7

みんながあこがれるのはこんな女の子！ 7人の人気ガールを見てみよう★

PART 4 女子力UP

笑顔キラキラガール

キラキラの笑顔で まわりのみんなも明るく！

明るい笑顔は好感度ナンバーワン！ 笑顔がステキな子のまわりには、自然と友だちが集まってくるし、ハッピーも引き寄せられるものだよ♪ あなたの笑顔で、自分もまわりも、み～んなを幸せな気持ちにしちゃおう★

笑顔エクササイズに挑戦！

ステキな笑顔をつくるのに欠かせない、表情の筋肉をほぐすエクササイズを紹介するよ★

① 右のほっぺに空気をためたら、左ほお→上くちびる→下くちびるの順に移動させよう。

② 口角を上げてニッコリと笑った状態で舌を出し、左右に動かしてみよう。

165

身だしなみ完ぺきガール

清潔感＆きちんと感で
大人っぽガールに！

身だしなみがきちんとしている子は、しっかり者で大人っぽい印象に見えるもの！　お洋服など、見た目の清潔感に気を配るのはもちろん、ふだんから背すじをのばして、正しい姿勢をキープすることも大事だよ。

まずは
清潔にすることが大切！

身だしなみの清潔感で第一印象が決まるよ！　服装やヘアスタイルはもちろん、つめやくつ下などの細かいところにも気を配ってね★次のポイントは、かならずチェックしよう！

清潔チェックポイント

- ☐ 服や下着は清潔でシワなどがない
- ☐ 髪はブラシでとかしている
- ☐ つめは短く切りそろえている
- ☐ 食後に歯みがきをしている
- ☐ ハンカチ＆ティッシュを持ち歩いている

毎朝見たい！
おでかけ前チェックリスト

毎日の身だしなみで気をつけたいポイントを紹介！
おでかけ前によ〜くチェックしよう★

ヘア＆ファッション チェックポイント

- [ ] 寝ぐせはついていない？
- [ ] 前髪で目がかくれていない？
- [ ] 出かける場所に合ったヘアスタイル？
- [ ] 清潔な服を着ている？
- [ ] 服にシワがついていない？
- [ ] ボタンがとれたり、ほつれたりしていない？
- [ ] くつ下に穴があいていない？
- [ ] くつは汚れていない？

PART ④ 女子力UP

これらを持ち歩いていると、「きちんとした子！」って、まわりから好印象なんだって♥

持ち物をチェック！

ハンカチ＆ティッシュ

ハンカチはおしゃれガールの必需品だよ！ティッシュとセットでつねに持ち歩こう♪

かがみ＆コーム

小さめのかがみやコームがあれば、顔や髪をチェックしたり、ササッとお直しできる♪

ばんそうこう

ポーチに何枚か入れておくと、ちょっとしたケガにも対応できて便利だね★

あいさつきちんとガール

人気者のヒケツは
元気いっぱいのあいさつ！

あいさつはコミュニケーションの基本！　気持ちのいいあいさつができると、友だちの輪も広がるものだよ♪　仲よくなりたいと思っている子には、積極的にあいさつしてみて。明るくて元気な子って思ってもらえるよ♪

あいさつのポイント

笑顔で明るく！
いちばんのポイントはやっぱり笑顔！　ニッコリ笑って明るいあいさつを心がけよう♪

口を大きく動かす
あいさつは、相手にきちんと伝えることが大事。口を大きくあけてハキハキ言おうね！

目上の人にはよりていねいに！
先生や近所の人には、「おはようございます」って、ていねいにあいさつしようね♪

あいさつって、する方もされる方も気持ちいいよね♥　きちんとあいさつできる子は、まわりからも信頼されるんだって！

言葉づかいキレイガール

正しい言葉づかいで かしこかわいい女の子に

キレイな言葉づかいを心がけることで、グッとかしこい印象を与えられるよ！ とくに、目上の人の前では、正しい言葉づかいができるように意識してみてね♪ ハヤリ言葉は、友だちとのおしゃべりのときくらいにして。

PART 4 女子力UP

言葉づかいのポイント

目上の人には敬語を使う
目上の人ともきちんと会話できるように、正しい敬語をマスターしよう！

乱暴な言葉はNG！
言葉づかいや言葉の語尾が乱暴になると、それだけでキツい印象になってしまうよ。

早さと声のトーンを意識して
声のトーンを少し高くし、聞き取りやすいスピードで話そう。早口だと雑な印象に……。

話すスピードだけでもだいぶ印象が変わるんだね！ いつもより、少しゆっくりなペースを意識して話すのがいいみたい♪

会話が楽しいガール

おしゃべりじょうずは話を聞くのもとってもじょうず★

会話が楽しい子はとっても魅力的！ だれが相手でも楽しくトークできることが、おしゃべりじょうずの第一歩！ 相手の話にも積極的に耳をかたむけて、「もっと話したいな」と思われちゃうような女の子を目指そう♪

友だちの悪口で盛り上がるのはぜ〜ったいにダメ！ 悪口は、まわりをイヤな気持ちにさせてしまうよ。楽しい話題を心がけようね♪

こんなトークで盛り上がろう！

友だちとのトークが盛り上がる!? 鉄板ネタをご紹介♪

ファッション・おしゃれ
お気に入りの本や雑誌を見ながら、好きなコーデやヘアアレについて話そう！

好きな芸能人
お互いの好きな芸能人やアイドルの話題は盛り上がることまちがいなし！

恋バナ
ガールズトークに欠かせないのが恋バナ！ 友だちのヒミツは絶対守ってね★

勉強
勉強を教え合ってみよう！ 友だちとのキョリがちぢまるし、成績もUP!?

女子力UPアドバイス！
星座別 人づきあいのコツ

まわりの人と、どんな風につき合っていくのがいいのかな……？
会話や接し方のコツを、星座別にアドバイスするよ♪

PART 4 女子力UP

おひつじ座
★ 3/21〜4/19生まれ

性格
行動力があって、どんなことにも積極的にチャレンジしていくおひつじ座。思い立ったらすぐに行動できるアクティブガールだよ♪

コミュニケーションのコツ
気になる子には自分から積極的に話しかけよう♪ お互いの共通点で盛り上がれると◎！

おうし座
★ 4/20〜5/20生まれ

性格
やさしくておだやかな性格の持ち主。がまん強いのが特徴で、どんなことも最後までやりとげられるがんばり屋さんだよ★

コミュニケーションのコツ
自分の気持ちをなかなか伝えられないときは、手紙のやり取りでキズナを深めよう♪

ふたご座
★ 5/21〜6/21生まれ

性格
明るく社交的で、おしゃべりが大好き！ 人とキョリをちぢめるのが得意で、だれとでもすぐに仲よくなれちゃうよ♪

コミュニケーションのコツ
何でも話せる心友を探してみよう！ まずはヒミツを打ち明けると、仲がグッと深まりそう♪

かに座
★ 6/22〜7/22生まれ

性格
とってもやさしくて気配りじょうず。人の話を聞くのが得意で、相手のことを思いやって行動できるのがかに座のいいところだよ★

コミュニケーションのコツ
ときには自分の意見をはっきり伝えることも大切！ ホンネを正直に伝えてみよう♥

171

しし座

7/23〜8/22生まれ

性格
明るくポジティブな性格で、みんなを引っぱるのが得意だよ。人前でも堂々としていられる、クラスの委員長タイプかも！

コミュニケーションのコツ
友だちのいいところをホメてみて！ しっかり者のあなたに認められたらうれしいはず★

おとめ座

8/23〜9/22生まれ

性格
責任感がバツグン！ まわりの人への気配りや、計画を立てるのが得意で、まじめにコツコツがんばる努力家さん♪

コミュニケーションのコツ
共通の目標があるとグッとキズナが深まるよ。いっしょにがんばれることを見つけよう！

てんびん座

9/23〜10/23生まれ

性格
みんなの意見を大切にできる、やさしい性格の持ち主だよ！ 平和主義だから、争いごとはちょっぴりニガテみたい。

コミュニケーションのコツ
しゅみの話から友だちの輪が広がりそう★ お互いの共通点を探してみよう！

さそり座

10/24〜11/22生まれ

性格
ひとつのことにとことん集中できる情熱家さん。空気を読むのが得意で、相手の気持ちを考えて行動できるタイプだよ♪

コミュニケーションのコツ
大人数でゲームをするのが◎！ 何人かのグループで盛り上がるとGOOD★

いて座

11/23～12/21生まれ

性格 前向きで行動力バツグン★ 新しいことにチャレンジするのが大好きで、しゅみや行動範囲が広いのが特徴だよ♪

コミュニケーションのコツ

まずは友だちの話をよく聞いて、相手のことをきちんと知ることからはじめよう♪

やぎ座

12/22～1/19生まれ

性格 何ごとにも一生けん命ながんばり屋さん。責任感が強くて、はじめたことは最後まできちんとやりとげられるのがミリョク！

コミュニケーションのコツ

悩みごとを相談すると、信頼関係がきずけそう♥ 思いきって相手にたよってみよう！

みずがめ座

1/20～2/18生まれ

性格 マイペースで好奇心旺盛な性格だよ★ 好きなことや興味があることはとことん追求する、研究者タイプでもあるみたい！

コミュニケーションのコツ

ホンネで話せる友だちをつくるとGOOD！ 自分の気持ちに素直になってみよう♪

うお座

2/19～3/20生まれ

性格 協調性があって、だれとでも仲よくなれるのがミリョク。自分よりもほかの人のために行動できる、やさしい性格の持ち主だよ♪

コミュニケーションのコツ

お互いのことを知れば知るほどキョリがちぢまるよ！ 共通のしゅみをいっしょに楽しんで。

星座の境目の日にちは、異なる場合があります。

盛り上げガール

盛り上げガールはクラスの注目のマト！

明るく場を盛り上げてくれる子がひとりいると、みんなとってもハッピーな気持ちになれるよね♪ いつも笑顔を心がけて、楽しいことを自ら提案しよう！ 友だちとのキョリがちぢまるし、ムードメーカー的な存在になれちゃうよ★

空気を読むことも大切だよ！

いつも明るいのはいいことだけど、ときには空気を読むことも大切！ マジメなトークのときにまで楽しい話ばかりしていると、お調子者だと思われちゃうかもしれないよ。

たしかに、マジメに相談しようとしているのに茶化されたら、ちょっと悲しいかも……。

チャレンジ
盛り上がりゲームをやってみよう！

どっちもすごく楽しそう〜！ 今度、昼休みに友だちとやってみよっと♪

お題DEビンゴ！

①みんなでお題を決めるよ（例：くだもの）。
②お題に関連するものを、思いつくかぎり紙に書いて、くじを30枚以上つくってね（例：りんご、ももなど）。
③紙に、タテヨコ9マスの枠を書き、ひとり1枚配るよ。全員がマスの中に、好きなくだものを9つ書いてね。これで準備完了！
④順番にくじを引いて、③で書いたものが出たら、ペンでそのマスをぬりつぶそう。タテヨコななめ、1列でもそろったらビンゴ！ もっとも早くビンゴした子が優勝だよ。

数字DEドカン！

①みんなで円になって、目を閉じるよ。タイミングを見て、だれかが「1」とカウントしよう。
②「2」、「3」と数字順にカウントしていくよ。順番は自由だけど、だれかと声がかぶってしまったら、その時点でかぶった子全員アウト！また、同じ子が連続してカウントするのもNGだよ。
③カウントした回数分のポイントをGETできるよ。でも、カウントがかぶったらマイナス3ポイント！何ゲームかやって、ポイントがいちばん高かった子が優勝だよ♪

整理整とんガール

整理整とんができれば心もすっきりする！

身のまわりをきちんと整理整とんしよう！「愛されガールに関係あるの？」と思うかもしれないけど、きちんと整理整とんができる子は、心もすっきりと落ちついているものなんだよ。お部屋や勉強机はもちろん、学校の机の引き出しや、ロッカーの中をキレイにするのも忘れないでね♪

自分が使うものをきちんと整理すると、運気も上がるんだって♥ わたしも部屋を片づけなくちゃ〜！

片づけのポイント

しまう場所を決めよう
ステショは引き出しの中、バッグはクローゼットの右側など、どこに何をしまうのかをきちんと決めて、それを守ろう！

使ったものはすぐしまう
今日使ったものは今日のうちに片づける習慣をつけよう。それを毎日心がけて続けていれば、ものが散らからないよ♪

こまめに掃除をしよう
片づけだけじゃなく、定期的にお掃除することも大切。机をふいたり、掃除機をかけたりして、つねにキレイな部屋を保ってね。

必要ないものは処分しよう
「1年以上使わなかったものは捨てる」などのルールを決めれば、ものが増えないよ。ときどき不要なものを見直す習慣をつくろう。

ものはなるべく取っておかない！
お気に入りのものは仕方ないけれど、小さくなった消しゴムやインクが切れたペンなどはなるべく捨てるようにしよう！

女子力UPアドバイス！
血液型別　片づけのコツ

片づけ方にもいくつかのポイントがあるみたい♪　血液型別におすすめの方法を紹介するから、整理整とんの参考にしてね★

PART 4　女子力UP

A型　几帳面に見えて意外といい加減!?

性格
ふだんから几帳面なA型だけど、整理整とんに関しては意外といい加減かも!?　いつでも片づけることができるから、つい後回しにしちゃうという子も多いみたい！

片づけのコツ
几帳面な性格だから、「使ったらかならず片づける」を意識すれば、散らからないよ。

B型　思い立ったら一気に片づけ！

性格
マイペースなB型は、一度スイッチが入るといっきに集中して片づけるタイプ！　気分が乗らない日は、片づけがぜんぜん進まない……ということもありそうだね。

片づけのコツ
一気に片づけるのもいいけれど、ふだんから少しずつ整理する習慣をつけるとよりGOOD。

O型　置き方にはとことんこだわる！

性格
O型は、ものの配置や取り出しやすさに自分なりのこだわりがあるタイプ！　だから、自分では整とんしているつもりでもまわりからは散らかっていると思われがちみたい……。

片づけのコツ
ほかの血液型の子以上に、「いらないものは捨てる」ことを徹底しよう！　散らからなくなるよ。

AB型　整とんじょうずでキレイ好き！

性格
キレイ好きなAB型は、基本的には片づけじょうず。使ったものはすぐにもとの場所に戻せるタイプだね。ただ、一度散らかると、「もういいや」ってあきらめがちかも…!?

片づけのコツ
集中力が高いから、「今日は片づけの日！」って決めれば、とことんキレイにできそう！

177

まだまだ女子力UP作戦！
ステキだな、と思われるマナーを身につけよう

マナーを守れる子はまわりからの好感度がばつぐん！

身だしなみや言葉づかい以外にも、おしゃれガールになるために覚えておきたいマナーはたくさんあるよ！ マナーを守ることで、まわりから「ステキだな」って思われるはず！ シチュエーションごとに、マナーとポイントをチェックしてみよう♪

まわりの人に気をつかえる子や、きちんと「ありがとう」を言える子ってステキだよね♥

マナーを守るポイント

まわりの人に気配りをする
自分のまわりに、困っている人や手助けが必要な人がいないか、つねに気を配るようにしよう。スマートに手助けできるとGOOD！

迷惑になるような行動はしない
どんなに楽しいときでも、まわりを見るクセをつけよう。声が大きくなってしまったり、道で広がって歩いたりするのはNGだよ！

いつも礼儀正しい行動を心がける
お店の人や知らない人に対しても、礼儀正しく接するようにしよう！ 何かをしてもらったときは、お礼を言うのも忘れずに！

シチュエーション別マナー

乗りものに乗るときやお買いものするときなど、シチュエーションごとに気をつけたいマナーのポイントを紹介するよ★

乗りものに乗るときのマナー

電車やバスにはたくさんの人が乗っているよね。こういう場所ではとくに、ほかの人に迷惑になる行動はNG！ まわりの人への気配りを忘れないでね！

PART 4 女子力UP

電車に乗る

ほかの人の迷惑にならない行動を！

シートに座るときは、荷物は自分のひざの上に置いてね。大きな声でおしゃべりをしたり、スマホやゲームの音を鳴らしたり、車内で食べものを食べたりするのはNG。お年寄りや体が不自由な人、おなかに赤ちゃんがいる人を見かけたら、積極的に席をゆずろう！

自転車に乗る

交通ルールをきちんと確認しよう

自転車は車道の左側を走るのが基本だよ！ 小学生までは歩道を走ってもいいけれど、歩いている人が優先だから車道寄りをゆっくり走ろう。そのほかにも、ハンドルから手を離さない、夜はライトをつける、ヘルメットをかぶるなど、交通ルールとマナーを守ってね♪

エスカレーターに乗るときは？

しっかり手すりにつかまって、前を向いて乗ってね。エスカレーターで走るのは、事故やケガにつながることもあるから絶対にやめよう。

買いもののマナー

大好きなショッピングでついテンションが上がっちゃうかもしれないけど、そういうときこそマナーを忘れないようにしなきゃ！　友だちと買いものに行くとき、お店の通路に広がってほかのお客さんの迷惑にならないようにしたいよね♪

売りものは 大切にあつかおう

会計前の商品を乱暴にあつかったり、勝手に中身を出したりするのはマナー違反！ こわしたり、汚したりしてしまうと、弁償しなければならなくなることもあるよ。会計のときは、列の順番をきちんと確認しよう♪

服を買うときは？

洋服を試着したいときは、かならず店員さんに声をかけよう。勝手に試着室を使うのはNGだよ。試着のときは、汗やメイクが服につかないように、十分気をつけてね！

試着している服は自分のものじゃないし、いつも以上にていねいにあつかわないとだね！

公共の場所のマナー

公共の場所では、まわりの人に迷惑をかけないようにつねに周囲に意識を向けよう。ステキなお姉さんらしいふるまいを心がけてね！

映画館

鑑賞中は静かにしよう

映画の前に、ケータイの電源を切って音が出ないようにしておこう。鑑賞中に友だちとおしゃべりするのも絶対にダメだよ！映画館は前の席との間かくがせまいから、足をブラブラさせると前の席に当たって迷惑になってしまうよ。注意してね。

PART 4　女子力UP

公園

図書館

遊具やスペースはゆずり合って使おう

遊具やスペースを使うときは、ほかに使いたい人がいないか確認しよう。小さい子が遊びたそうにしているときは、笑顔でゆずるのがステキなお姉さん！　危険がないよう、まわりをよく見て遊んでね。

館内では静かに！
返却期限とルールを確認

図書館では静かにすごすのがマナー。借りた本はていねいにあつかい、期限までに返そう。なかには図書館での勉強を禁止しているところもあるから、自習するときはルールをよく確認してね！

食事のマナー

食べ方がキレイな子って、いっしょに食事したくなるよね♥ どこへ行ってもキレイに食事できるように、ふだんからマナーを意識しないと、ね!

食前と食後には
感謝をこめてあいさつ!

食事の前に「いただきます」を、食事の後に「ごちそうさま」を言うのがマナーだよ。つくってくれた人や食材を育ててくれた人、動物・植物のいのちをいただくことに感謝しながら、手を合わせたり、手をひざにおいておじぎをしたりして、あいさつしよう。

こんな食べ方はNG!

正しいマナーを知らないと、まわりの人を不快にさせてしまうから注意して!

口にものを入れたまましゃべる

食べながらしゃべると、口の中のものが相手に見えてしまうよね。これはマナー違反! きちんと飲みこんでから話すようにしよう。

ひじをつきながら食べる

食事中にひじをついたり、姿勢をくずしたりするとだらしないよ。背すじを伸ばして胸をはり、正しい姿勢で食事をしよう!

出されたものを残してしまう

つくってくれた人に失礼だし、食材がムダになってしまうよ。食べられないものは事前に伝えるなど、なるべく残さない努力をしよう。

182

和食、洋食、中華など、食事ごとのマナーを知ることはとても大切！ どんなシチュエーションでも正しいマナーで食事ができる完ぺきガールを目指しちゃお♥

和食のとき

お皿の並べ方に気をつけて！

和食は、お皿の並べ方が決まっているの！ 日本人は右手ではしを持つ人が多いから、反対の左手側にごはん、右手側に汁ものを置くよ。おかずや副菜は奥に置いてね！

はしを正しく持とう

はしを持つときは次のポイントに注意しよう！
- 上のはしを人さし指と中指ではさむ
- 下のはしを薬指で支える
- 2本のはしを親指でおさえる
- 上のはしだけを動かす

普段からこの4つを意識していれば、どんどんじょうずに使えるようになるよ！

洋食のとき

フォークとナイフを正しく使おう

ナイフは利き手、フォークは逆の手に持って使うよ。ナイフは親指と人さし指で支えるようにして持ち、食材をひと口サイズに切り分けてね！ スープは、スプーンで手前から奥に向かってすくって飲むのがマナー。すする音を立てないように注意しよう。

中華のとき

回転するテーブルを使いこなそう

中華料理の特徴は、「回転テーブル」を使うこと。テーブルに置かれた料理は自分が食べる分だけを皿にとり、時計まわりにまわして次の人のところへ送ってね！ はしの使い方は和食のときと同じだよ♪

お呼ばれのマナー

仲よくなった友だちの家に招待されたんだけど、はじめて遊びに行く家だし、おうちの人もいるから緊張するよ〜！お呼ばれのときの注意点って、何かある!?

お呼ばれのポイントを予習しておこう！

友だちの家に遊びに行くときは、愛されガールのうでの見せどころ！ 友だちのおうちの人にもステキだなと思ってもらえるように、お呼ばれのマナーを覚えておこう♪ 普段から意識してすごしていれば、いざというときにあわてずにすむよ★

お呼ばれ2大スポット

友だちの家に行く

友だちの家で遊ぶときは、約束の時間を守って出かけよう。お昼ごはんや夕ごはんの時間までいると迷惑になってしまうから、あらかじめ時間を決めて、だらだらしないようにね。

親せきの家に行く

親せきの家では、積極的にお手つだいをしよう！ 小さいころから見られている親せきの人。「ステキな子に成長したな」って思ってもらえるようなふるまいを心がけたいね♪

また来てねって言われる
お呼ばれのポイント

「ステキだな」、「また来てほしいな」って思われる、お呼ばれじょうずな
女の子を目指しちゃお!

PART 4 女子力UP

最初が大切!
きちんとあいさつを

友だちの家に遊びに行ったら、すぐに友だちの部屋に入るのではなく、まずはおうちの人にあいさつしてね! おみやげを持ってきたときは、このタイミングでわたそう★

くつやバッグは
散らかさないで!

くつを脱いだら、きちんとそろえてはしに置こう。脱いだ上着やバッグなども散らかさず、たたんでじゃまにならないところに置くようにしてね!

家の中を勝手に
動きまわっちゃダメ

用のない部屋に入ったり、冷蔵庫や引き出しなどを勝手に開けるのはNG! トイレに行きたいときは、おうちの人に「お借りします」と声をかけるようにしよう♪

ていねいな言葉で
会話しよう

おうちの人と話すときは、きちんと敬語を使おう。質問にはハキハキと答えると好印象だよ♪ コソコソと話したり、乱暴な言葉づかいをしないよう、普段以上に気をつけてね。

大声でさわぐなど
迷惑になることはしない

おうちの中で大きな声を出したり、部屋が散らかるような遊びをしたりするのは、迷惑になるから絶対にダメだよ! 使ったおもちゃやゲームは、帰る前にきちんと片づけてね。

チェック！ お呼ばれの流れを確認！

はじめてのお呼ばれは、ドキドキしちゃうよね！
しっかり読んで予習しておこう★

前日までに確認しよう

友だちの家に遊びに行くときは、「①だれの家に行くのか、②何人で遊びに行くのか、③行く時間と帰る時間」を確認して、事前におうちの人に話しておこう。場合によっては、前日までにおうちの人から連絡してもらうようにしてね♪　おうちの人に知らせずに行くのは、絶対にNGだよ！　心配をかけてしまうし、友だちのおうちの人にも、迷惑がかかってしまうかも……。

お呼ばれ当日は？

時間どおりに到着しようね！

約束の時間に到着できるよう、余裕をもって出発してね！　遅くなると、友だちに心配をかけてしまうかも……。とはいえ、約束の時間より早く着きすぎるのも迷惑になっちゃうよ。

出発前

玄関では

くつをそろえて
おうちの人にあいさつ

まずは、脱いだくつをきちんとそろえることからスタート。いきなり友だちの部屋に行かず、お世話になるおうちの人にあいさつしてから、おじゃましてね。

勝手に歩きまわらない！

友だちの家では

用のない部屋に勝手に入ったり、たなや家具などに勝手にさわったりするのはやめてね。トイレや洗面所を借りるときは、おうちの人にひと言声をかけるのがマナーだよ♪

お泊まりのとき

お泊まりするときは積極的にお手伝いを

お泊まりをするときは、ごはんの準備や片づけなどを積極的に手伝おう。自分の家とやり方がちがうこともあるから、「何かお手伝いできますか？」と聞いてからにしてね。

家に帰ったらきちんとお礼をしよう！

家に帰ってきたら、友だちの家に電話をして、お礼を言うのがマナーだよ♪
おうちの人に連絡してもらうときは、もらったものや楽しかったことを話しておこう！

マナーを守れば、きっと「また来てね」って思ってもらえるよ♪

PART 4 女子力UP

まだまだ女子力UP作戦！
キレイ＆かわいい 文字の書き方をマスター！

ヒナノちゃんの字ってかわいいよね！　わたしも、かわいい字が書きたいな〜。丸っこくしたり、少しくずしてかけばいいのかな？

あ、くずすのはダメ！　かわいい字を書くには、まずは字をきちんと書くことが大事なの。文字は相手がきちんと読めないと、伝わらないからね。そのうえで、ちょっとアレンジしたり、イラストをそえたりすると、かわいくてキレイな手紙やカードが書けるんだよ♪

なるほど！　たしかに、お姉ちゃんの字ってかわいいけど読みやすいよね。どうすればいいの？　教えて〜！

まかせて！　文字のデコをマスターすると、友だちの誕生日のメッセージカードとかプロフ帳とかも、かわいい＆おしゃれに書けるようになるよ♪　さっそくやってみよう！

文字をデコってみよう！

文字のデコり方を紹介するよ！ 4つのステップをマスターすれば、
だれでもかわいいデコ文字が書けるから、くり返し練習しよう！

手紙をかわいくデコって キズナをもっと深めよう！

自分の気持ちを伝えるのに欠かせないのが手紙！ 内容はもちろんだけど、文字がかわいくデコってあると、もらう人もうれしい気持ちになるはず♪ おしゃれなデコ文字を覚えて、相手をニコニコ笑顔にできるお手紙を書いちゃおう♥

PART 4 女子力UP

ステップ① 文字をアレンジしよう

書いている文字をアレンジするだけでOK！ 文字のまわりを囲むだけでも、ガラッと印象が変わるでしょ♪

きほんのあ

囲み文字
文字をフチで囲むだけでできちゃうよ★

ふくろ文字
文字をカクカクしたフチで囲めばOK。

丸止め文字
線の両はしに●をつけるとポップに★

つやつや文字

丸いふくろ文字にし、つやをつけて！

重ね文字

同じ文字を2つ重ねるカンタンデコ♪

ぐるぐる

文字を、ぐるぐるの線で書いちゃお★

189

ステップ② フレーズをデコっちゃおう

よく使うフレーズのデコり方を紹介するよ！ 友だちに手紙を書くときの参考にしてみてね♥ 自分なりにアレンジしてもOK！

お手本デコ

アルファベットに顔を書くテクニック★ OやQにも使えそう♪

犬のイラストに文字をIN！ 好きな動物でアレンジしてみてね♥

キャンディみたいな枠をつけて、思いっきりポップにしちゃおう★

アルファベットは囲むだけでかわいい♥ 星マークがアクセント♪

フキダシにキラキラをつけてはなやかに♥ ひらがなにするのも◎！

リボンのあしらいでガーリーに♥ 大人っぽいお手紙にもマッチしそう！

2文字のワードは、さくらんぼに入れちゃおう！キュートでしょ♥

ハートで文字を囲んだよ。女の子のイラストをそえて、よりかわいく！

イラストの中に文字を入れるテク♪ いろんなイラストでためそう★

Happyは、囲んでにぎやかにしてみたよ！ 楽しさが伝わるよね♪

ステップ③ デコラインを描こう

どれもカンタンそうなのにすごくかわいいっ♥
よ～し、今日からたくさん使っちゃうぞ～！

お手本デコ

●と線をつなぐだけで、
シンプルでかわいいラインの完成！

△と▽を交互に使ったラインは、
おしゃれで大人っぽい印象★

チェック柄にしてマステ風に！
上下にフリルをつけてガーリーに♥

ハートとハートの間に小さな○を入れれば、
キュートなラインに♪

くるくるラインは、両サイドに
お花を描くだけではなやか度UP♥

動物の足あと風のラインだよ。
動物が好きな子に描いてみよう！

– – – – – キリトリセン – – – – –

まるで本物！　大事なメッセは
切り取られないようにしないとね♪

ガーランドみたいなおしゃれライン♪
はたは3パターンをくり返して！

うさぎのイラストをデコラインにアレンジ！
かわいい表情をつけよう♥

PART ④ 女子力UP

ステップ 4 プチイラストではなやかさUP♪♪

文字のアレンジをマスターしたら、次はイラストに挑戦しよう！ むずかしそうに見えるかもしれないけど、お手本を見ながら練習すれば、じょうずに描けるはずっ♪

女の子の顔

笑っている女の子。りんかくはまあるく描くと、かわいさUP★

怒った表情は、上がったまゆげとぷっくりほっぺで表現しよう♪

悲しい表情は、まゆ毛を下げて描こう。涙や汗をプラスすると◎！

口を3にしてくちびるをとがらせると、悩んでいるような顔に！

ウインク×舌出しで、おちゃめでキュートな表情にしちゃおっ！

動物

ねこは、とんがった耳とおひげがポイント！ しっぽは長めに描こう。

うさぎは、耳を長めに！ リボンをつければ女の子に見えるよ♥

ひよこは、まあるいフォルムにくちばしを描けばOKだよ♪

たれ耳の犬を描いたよ。ねこよりしっぽを短めに描いてみよう！

くまは、鼻&口のまわりに円を描くのがポイント。耳もまるっこく！

天気

晴れのマークは、太陽をアレンジしよう！ 光線は、▲で描くとかわいい♥

雨の日は、雲がしょんぼりして泣いているみたい。かさをそえてもイイネ！

雪のマークは雪だるまがかわいい♥ 帽子などの小物をプラスしてみよう！

PART 4 女子力UP

スイーツ

カップケーキは、パステルカラーでかわいく！ さくらんぼをのせて♪

みんなが大好きなクレープだよ♥ 包装紙はカラフルに描いちゃおう！

ドーナツを描くときは、トッピングでかわいくアレンジするのがコツ★

つみかさなったホットケーキだよ。バターやシロップでらしく見えるね！

顔文字でキモチを伝えよう！

イラストがニガテな子は、記号を組み合わせて書ける顔文字がおすすめ！
パッと見て感情がわかるの♪

(＾＾)
ニコニコ笑顔だよ！

\(＾＾)/
バンザイ大喜び！

(´▽\`*)♪
ハッピーなときに♪

(－″－;)
みけんにシワが…

(;ω;)
悲しくて涙が出ちゃう

(｀・ω・´)
キリッとしたドヤ顔★

(｀ε´#)
#は怒りマークを表すよ

m(＿＿;)m
手をついて「ごめんね」

(*´ω\`)"
手を振って「またね」

まだまだ女子力UP作戦！
おりレターで手紙をもっとかわいく！

文字もかわいくデコれたし、あとはわたすだけだね！　だけど四つ折りにするだけじゃなんだか味気ないなぁ～。

そういうときは、おりレターにしちゃえばいいんだよ♪　便せんやルーズリーフでかわいいモチーフをおれちゃうテクを教えてあげる♥　シンプルでカンタンな定番おりと、女の子に人気のハート＆リボンモチーフのおり方を紹介するね！

 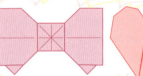

ハートにリボン!?　それってわたしにピッタリかも♥　お手紙にそんなおり方があるなんて知らなかった～！

せっかくかわいいお手紙を書いたんだから、見た目にもこだわりたいよね♪　おりレターはシールを貼ったり、色をつけたりしてデコってもかわいいよ！

お手紙を書くのがもっと楽しくなりそう♪　早くおり方を教えて～！

おりレター① 定番おり

いちばん王道の、シンプルなおり方だよ！
これを知っておくととっても便利♪

------- 谷おり

①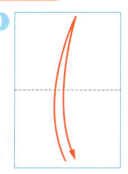

②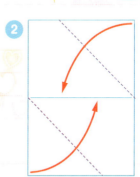

③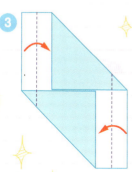

④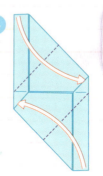

手紙の紙が大きめのときは、半分におった状態からスタートするといいかも★

⑤
カドは★の下にしまいこんでね！

ウラ返したら完成！

おりレター❷
ハート

ハート型(がた)のお手紙(てがみ)をもらったら、テンションが上(あ)がるよね♥ ちょっぴり難易度(なんいど)が上(あ)がるけど、ゆっくりおれば大丈夫(だいじょうぶ)！

------ 谷(たに)おり　------ 山(やま)おり

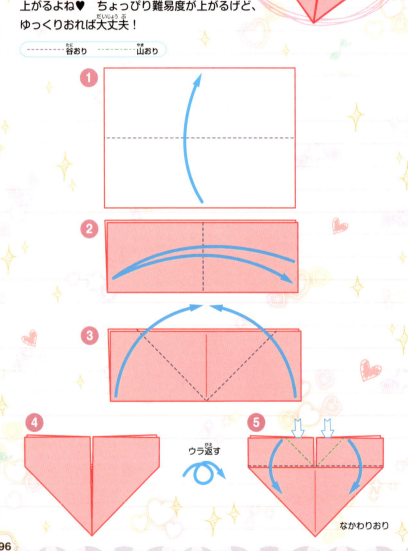

6

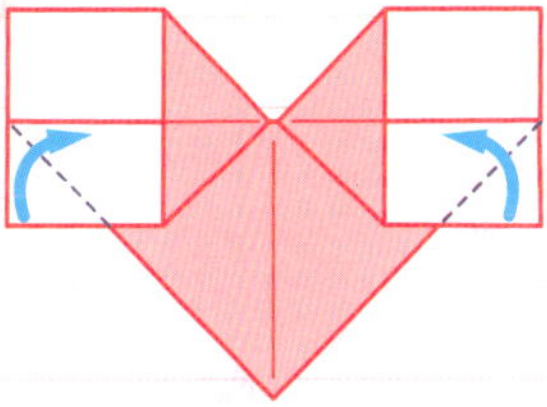

7

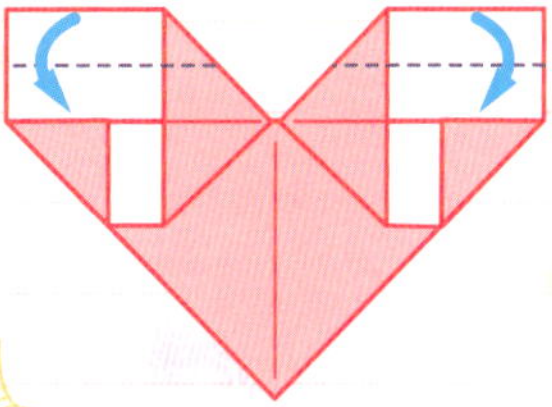

8

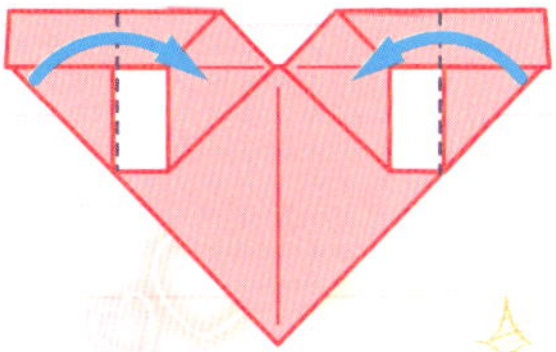

9

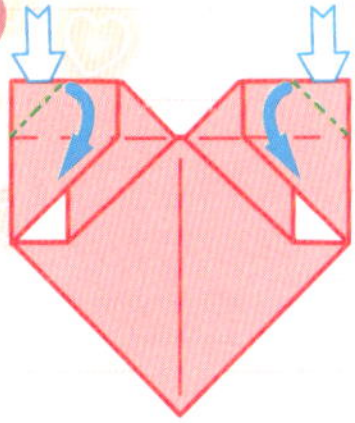

なかわりおり

10

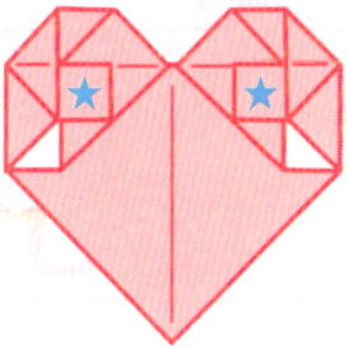

★のところを
おりこむよ!

11

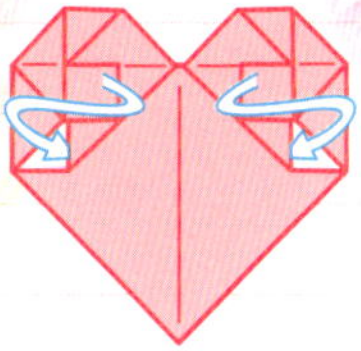

12

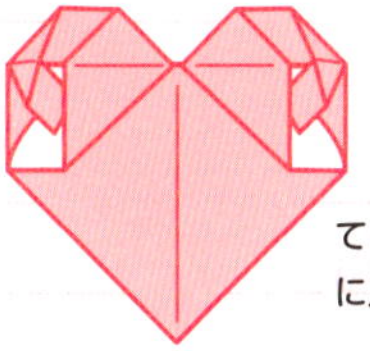

ていねいに内側
に入れて…

13

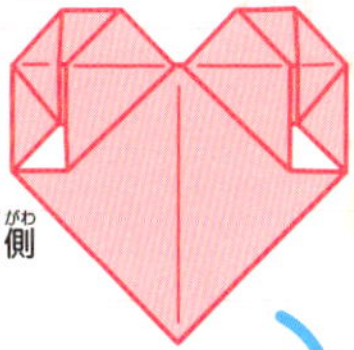

ウラ返したら完成!

ハートはやっぱりかわ
いね♥ これなら、不
器用なわたしにもでき
そう! さっそく挑戦
してみよっと♪

PART
4
女子力UP

おりレター ③ リボン

最後はちょっぴり上級者向け！ 知っていると友だちに自慢できちゃう、おしゃれなリボンのおり方を紹介しちゃいますっ♪

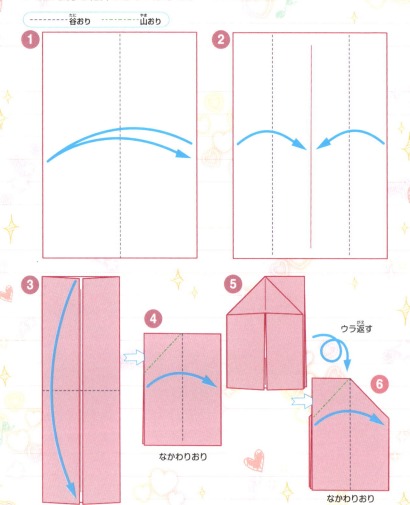

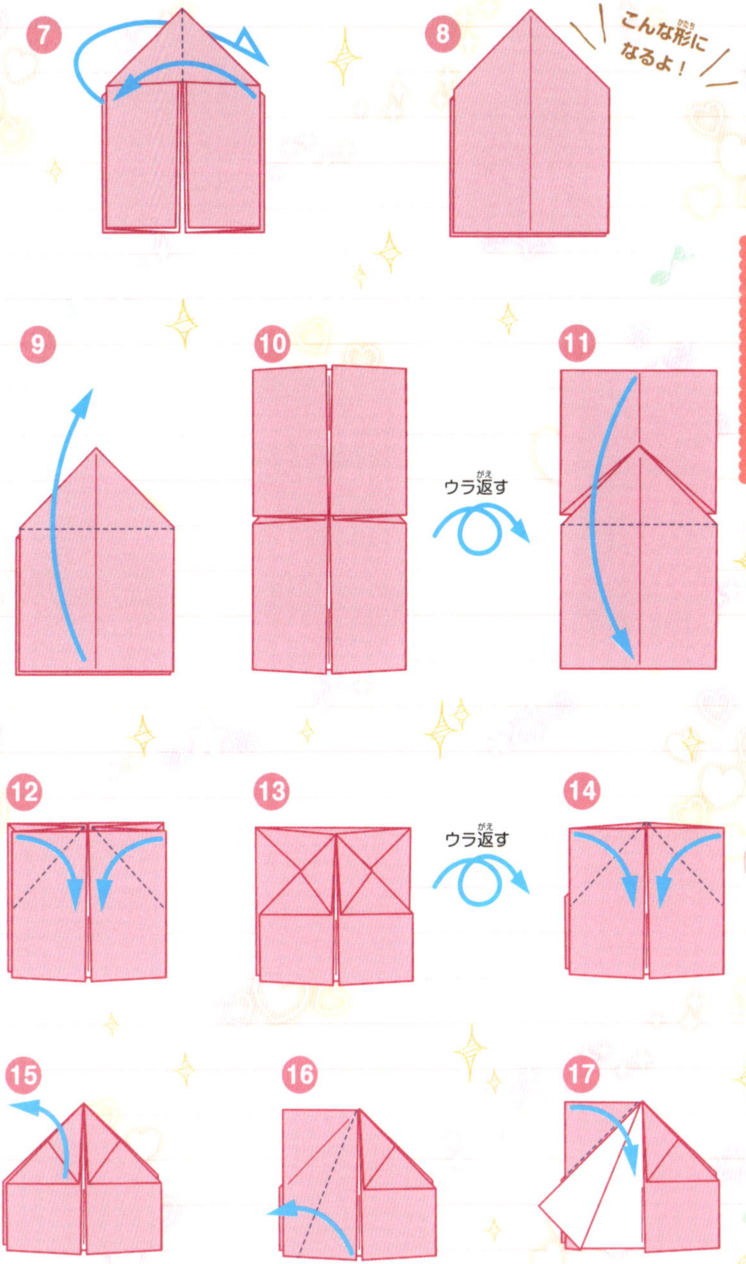

⑦

⑧

こんな形に
なるよ！

PART
④
女子力UP

⑨

⑩

ウラ返す

⑪

⑫

⑬

ウラ返す

⑭

⑮

⑯

⑰

199

PART5 運も実力のうち！ハッピー度UP↑↑ レッスン♡

キラキラかがやきたい！ってがんばっている子のところに、ハッピーなことって寄っていくものなんだよ。おまじないや風水のパワーを借りて、幸せを呼びこんじゃおう！

ハッピー度UP大作戦！
おまじないで幸運パワーをゲット！

ミリョクUPのおまじない

あなたのミリョクをもっとUPさせる、特別なおまじないを４つ教えちゃうよ♥

ダイエットを成功させる！

成功を祈りながら
おなかに月のマークを描こう

お風呂に入る前に、指でおなかに月のマークを描いてみよう。月のパワーがダイエットの手助けをしてくれるんだって！　キレイになった自分の姿をイメージしながらやると、さらに効果がUPするかも♪

あこがれの人に近づく！

あこがれの人の写真を貼った
かがみににっこりスマイル♪

かがみのウラにあこがれのアイドルやモデルの写真を貼ったら、そのかがみを見ながら、にっこりと笑顔をつくってみよう！　これを毎日くり返しているうちに、その人のミリョクにどんどん近づいていくんだって♥

おまじないとは？

お願いごとや困ったことがあるときに、決められた手順で願いをかけることを『おまじない』というよ。おまじないには、カンタンなものから本格的なものまで、いろいろな種類があるの。自分に合ったおまじないをして、ハッピー度をUPさせちゃおう★

おまじないをするだけじゃなくて、きちんと努力しないとダメだよ！ おまじないの効果は自分のがんばりがあってこそなんだって♪

PART ⑤ ハッピー度UP

髪がツヤツヤになる！

月の光を浴びたブラシで髪をとかしてみよう

いつも使っているブラシをひと晩窓辺に置き、月の光をたっぷり浴びさせてね。翌朝、そのブラシを使ってゆっくり髪をとかすと、髪の毛がツヤツヤになるんだって♪ 月のパワーが強くなる、満月の夜にやるのがおすすめ！

キレイな心になる！

やさしいきもちに

ピンクのチューリップでキレイ&やさしい心をGET！

「やさしさ」や「思いやり」という花言葉があるピンクのチューリップのパワーを借りるおまじないだよ。白い紙にピンクのペンでチューリップを描いたら、胸の前で持って「やさしいきもちになりたい」とお祈りしてみて♪

恋愛運UPのおまじない

ラブ運を上げるおまじないで、
ステキなカレをGETできちゃうかも♥

好きな男の子が見つかる！

ハートのエースにお願いしよう！

トランプのカードを使うおまじないだよ。♥のAのカードを持って目を閉じ、理想の男の子を思い浮かべよう。カードをお気に入りの本にはさんでおくと、近いうちにステキな男の子とめぐり会えるかも……!?

好きなカレと急接近！

好きな人の名前を書いた紙をポケットにIN！

白い紙に好きな人の名前を書いて、ポケットに入れておこう。カレを見かけるたびにポケットの中の紙にふれるようにしていると、カレと急接近できるチャンスがやってくるかも！　名前はていねいに書いてね♪

友情運UPのおまじない

友だちといつまでもなかよしでいられる、
友情運UPのおまじないを大紹介★

気になる子となかよしに！

「∞」のパワーでキズナをもっと深めよう！

お気に入りのメモや便せんなどの右上にえんぴつで∞（無限大）を書いたら、その紙でキャンディを包んで友だちに渡そう！　∞にはキズナを深めるパワーがあって、受け取った人とのキョリをちぢめてくれるんだって♪

仲直りしたい！

仲直りのチャンス到来!?
青色のパワーで友だち関係を修復！

白い紙に青いペンで仲直りしたい友だちの名前を書こう。その下に小さく自分の名前を書いて、ふたりの名前を囲むように丸を書いてね！　あとはその紙を4つにたたんで、ペンケースに入れて持ち歩けばOK♪

PART 5 ハッピー度UP

勉強運UPのおまじない

いつもの勉強におまじないをプラスして、成績アップをねらっちゃおう★

ニガテな科目が得意に！

金色のひまわりにおひさまの光を集めよう！

授業の時間割のウラに金のペンでひまわりのイラストを描いたら、30秒間日光に当てよう！時間割を小さく折りたたんでペンケースに入れておくと、ニガテな科目をこくふくできちゃうかもしれないよ！

テストでいい点をとれる！

教科書にはさんだえんぴつでテストに挑戦！

テストの前日の夜、いい点を取りたい教科の教科書にいつも使っているえんぴつをはさんで眠ろう。次の日、そのえんぴつを忘れずに持って行ってテストのときに使えば、高得点が期待できそう♪

全体運UPのおまじない

1日を元気にすごしたり、その日のイヤな気分をさっぱり流したり……。
全体運を高めるおまじないを2つ紹介するよ★

1日をハッピーにすごせる

にっこり笑顔をつくって
幸運パワーをチャージ！

朝起きて顔を洗ったあとに、両手の人差し指で口角を上げて笑顔をつくろう。かがみを見ながら「今日も1日ハッピー」と心の中でとなえると、ステキな笑顔があらゆる幸運を呼び寄せてくれるはず……！

今日も1日ハッピー!!

イヤな運気とバイバイ

塩をお風呂に
とかしてみよう！

失敗しちゃった日や、イヤな思いをした日は、浄化のパワーをもつ塩の力を借りよう。スプーン1杯の塩を湯船に入れて、ゆっくりつかるだけで、悪い運気を追い払って、心と体をすっきりさせてくれるんだって♪　お風呂は家族みんなで使う場所だから、かならずおうちの人の許可をとってね！

PART 5 ハッピー度UP

ハッピー度UP大作戦！
風水パワーを盛りこんだ かわいい部屋づくり

風水ってなあに？

中国から伝わった環境についての考え方だよ。自然界に存在するものはすべて「木・火・土・金・水」の5つの性質にわけられると考えられていて、それぞれの性質がもつ「いいところ」をのばしながら、運気を高めていく……というものだよ。また、大地には、見えないエネルギー「気」が充満していると考えられていて、風水によって「気」をよくすると、ハッピーになると考えられているんだ。

部屋づくりの基本ポイント

いつでも清潔に！

こまめにそうじをすることは風水の基本！ 汚れていたり、散らかったりしている部屋にはいい運気が流れてこないよ。まずはいつでも部屋を清潔に保つことから心がけよう♪

運気UPのカラーをチェック！

恋愛運ならピンク、勉強運なら緑など、それぞれの運気には代表的なカラーがあるよ。高めたい運気の色を取り入れた部屋づくりを心がけてみよう！

まずは玄関を整理整とん！

玄関はすべての「気」が入ってくる場所。風水では、玄関がいちばん大切な場所だとされているよ。お部屋のインテリアを考える前に、まずは玄関が片づいているか確認しよう♪

風水のポイントをしっかり押さえても、部屋が散らかっているといい運気が入って来ないんだって……！ 大急ぎで片づけなくちゃ！

恋愛運UP♥ ガーリーな部屋

> 女の子らしい部屋ですごしていると、しぐさや性格もどんどんかわいくなっていくの！自然と恋愛運も高まっちゃうよ♥

PART 5 ハッピー度UP

Point 1
お部屋全体はピンクでまとめよう

カーテンやベッドカバーをピンクにすると、恋愛運がUPするよ♥ハートや花がモチーフの、ガーリーな小物もおすすめ！

Point 2
かがみはいつもピカピカに

かがみはいい運気を集めてくれると言われているよ。汚れていると効果が出ないから、毎日みがいてキレイな状態をキープしよう！

Point 3
ラブ運UPの強い味方うさぎのぬいぐるみ

うさぎのぬいぐるみはラブ運を高める手助けをしてくれるんだって♪ただし、置きすぎると運気が分散しちゃうから、ほどほどに。

友情運UP♥ ポップな部屋

部屋のフンイキを明るくすると、気分も前向きに♪ いい運気をGETすれば、友だちとのキズナが深まることまちがいなしだよ！

Point❶
カラフルなアイテムを取り入れよう

部屋全体はとにかく明るくカラフルにコーディネートしてみて。スイーツやフルーツがモチーフのクッションを置くのも◎！

Point❷
フォルムが丸い家具がおすすめ！

とがっていない、丸みのあるデザインの家具を取り入れると、友だちとの仲が深まったり、友情の輪が広がるといわれているよ♪

Point❸
部屋の北側にネコのアイテムを！

動物のアイテムは、コミュニケーション力をUPさせてくれるんだって♪ とくに、北側にネコのグッズを置くのがおすすめ！

勉強運UP♥
ナチュラルな部屋

成績アップをねらうなら、落ちついてすごせる部屋づくりがポイント！ グリーンやブラウンなどのアースカラーを取り入れよう♪

PART ⑤ ハッピー度UP

Point ❶
物は置きすぎずすっきりとした印象に

家具や小物はシンプルなものを選んで、部屋全体をすっきり見せよう♪ 勉強机の整理整とんは、とくに念入りにやってね！

Point ❷
グリーンの家具で集中力UP！

グリーンには、気持ちを落ちつかせて集中力を高める効果があるんだって！ カーテンやラグなどに取り入れてみてね★

Point ❸
観葉植物が運気を呼び寄せるカギ！

お部屋に植物を置くと、リラックス効果が高まるの♪ 勉強運を上げたいときは、真っすぐ葉がのびるタイプの植物を選ぼう！

おしゃれ運UP♥ クールな部屋

おしゃれガールを目指すなら、インテリアにもこだわりを！ おしゃれな部屋づくりのポイントをおさえて、運気を高めちゃおう♪

Point ❶
ラベンダーカラーで部屋全体を大人っぽく！

ラベンダーカラーは、ミリョクUPを助けてくれる色。大人っぽくなりたいときや、おしゃれ度を上げたいときにぴったりだよ♥

Point ❷
部屋の北側にドレッサーを置こう

ドレッサーや姿見など、かがみは部屋の北側に置くと◎！ 南から入る太陽のパワーを集めて、おしゃれ度UPの手助けをしてくれそう♪

Point ❸
アニマル柄の小物をアクセントに♪

自分のセンスをみがきたいときは、小物にアニマル柄を取り入れてみよう。さりげないアクセントにするのがGOOD！

監修 [p12-71]
木村リミ

ボディクリエイター。ウェイトトレーニング、ヨガ、各種ダンスなどを取り入れた、独自のエクササイズを研究。東洋医学や栄養学を合わせて、健康で美しい体づくりを指導する。『女子中・高生のダイエット作戦』（大泉書店）など、著書・監修書多数。

STAFF

池田春香、おうせめい、
オチアイトモミ、こかぶ

本文デザイン
小林博明、小林聡美、中川史絵
（Kプラスアートワークス）

片渕涼太（ma-hgra）

菅原良子 [p190-200]

編集
スリーシーズン（朽木 彩、松下郁美）

本書の内容に関するお問い合わせは、書名、発行年月日、該当ページを明記の上、書面、FAX、お問い合わせフォームにて、当社編集部宛にお送りください。電話によるお問い合わせはお受けしておりません。また、本書の範囲を超えるご質問等にもお答えできませんので、あらかじめご了承ください。
FAX：03-3831-0902
お問い合わせフォーム：http://www.shin-sei.co.jp/np/contact-form3.html

落丁・乱丁のあった場合は、送料当社負担でお取替えいたします。当社営業部宛にお送りください。
本書の複写、複製を希望される場合は、そのつど事前に、出版者著作権管理機構（電話：03-3513-6969、FAX：03-3513-6979、e-mail：info@jcopy.or.jp）の許諾を得てください。
JCOPY <出版者著作権管理機構 委託出版物>

めちゃカワMAX!!
おしゃれ&キレイ モデルみたいになれるBOOK

2018年5月15日 初版発行
2018年11月5日 第5刷発行

著　者　めちゃカワ!!おしゃれガール委員会
発行者　富　永　靖　弘
印刷所　株式会社高山

発行所　東京都台東区台東2丁目24　株式会社 新星出版社
〒110-0016 ☎03(3831)0743

© SHINSEI Pubulishing Co.,Ltd.　　Printed in Japan
ISBN978-4-405-07270-1

特別ふろく

シェイプUP
ノート

シェイプUPダイアリーの使い方

毎日の食事や体重を記録していこう！

次のページからはじまる「1 week シェイプUPダイアリー」は、1週間ごとに日々の体重や食事内容を記録できるスグレモノ！　記録することで、毎日の変化がパッと見てわかるようになるし、何をするとスタイルUPするのかが明確になるんだよ。ポップとガーリー、2種類のデザインがあるから、好きなほうを選んでね♪　直接書きこんでもいいけれど、コピーすれば、何週間でも使えるよ！

ダイアリー記入のポイント

1 体重は朝起きてすぐにはかろう！

体重は、毎日同じ時間にはかるようにしよう。おなかが空っぽの、朝一にはかるのがおすすめ！

2 食事＆運動はできるだけ細かく書こう

自分の状態をきちんとチェックするためにも、食事と運動の内容は、できるだけきちんと、正確に書こう！

3 ひと言MEMOを活用しよう！

ひと言MEMOには、何を書いてもOK！　生理がはじまっている子は、ぜひ記録しておいてね♪

記入例

	4 / 8 （月）
体重	43.5　kg
食事の内容　朝食	・パン ・目玉焼き ・牛乳
昼食	・給食
夕食	・ごはん ・ぎょうざ ・みそしる ・野菜サラダ
おやつ	・りんご　3切れ ・バナナ　1本 ・チョコレート
運動	・なわとび30分 ・この本のエクササイズ （ストレッチと、 ①、③、⑥、⑫ をやった！）
ひと言MEMO	・昨日より体重が減ってた！ ・朝、ちょっとおなかが張ってた…

3

1weekシェイプUPダイアリー ［カラフルPOP］

	／ （月）	／ （火）	／ （水）
体重	kg	kg	kg
食事の内容 朝食			
昼食			
夕食			
おやつ			
運動			
ひと言 MEMO			

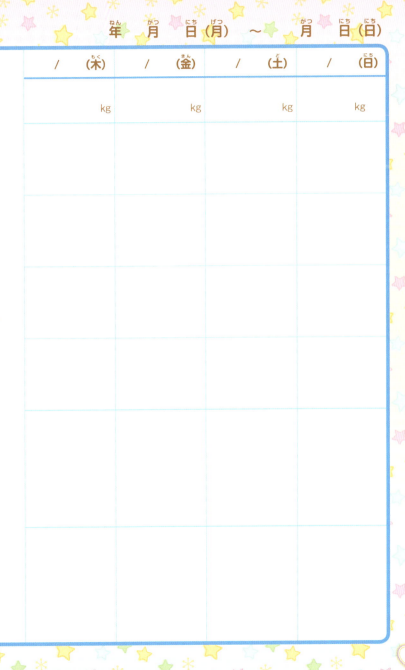

1weekシェイプUPダイアリー [パステルGirly]

	/ （月）	/ （火）	/ （水）
体重	kg	kg	kg
食事の内容 朝食			
昼食			
夕食			
おやつ			
運動			
ひと言 MEMO			

年　月　日（月）　〜　月　日（日）

/　（木）	/　（金）	/　（土）	/　（日）
kg	kg	kg	kg

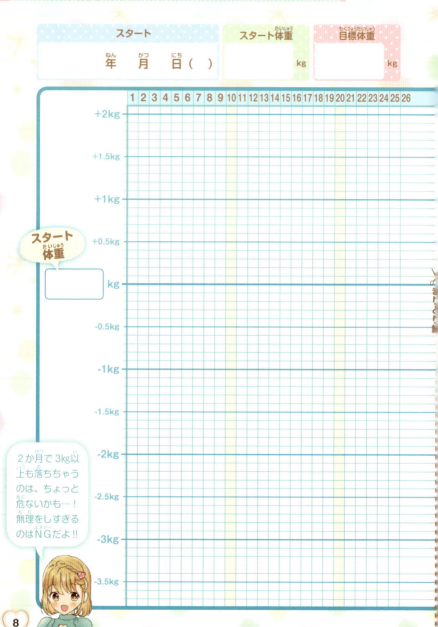

体重が重いと感じている「標準体重以上の体重の子」は、このグラフも活用しよう！ 60日間（約2か月間）の体重の増減がわかるようになっているよ。最初に、目標体重や、目標を達成したときのごほうびを記入しよう！ ごほうびは「新しいワンピースを買う」とか、「水着を着る！」とか、なんでもOK！

目標達成 ごほうび

| 27 | 28 | 29 | 30 | 31 | 32 | 33 | 34 | 35 | 36 | 37 | 38 | 39 | 40 | 41 | 42 | 43 | 44 | 45 | 46 | 47 | 48 | 49 | 50 | 51 | 52 | 53 | 54 | 55 | 56 | 57 | 58 | 59 | 60 |

シェイプUPノート

めちゃカワMAX!!
おしゃれ＆キレイ
モデルみたいになれるBOOK
（新星出版社）